テオフィロスが描いたレスボス島ペトラ村。巨人神が置いたような岩に教会が建っている

アテネの街のライキ・アゴラ（朝市、人民市場）で（1995年12月）

▲西日を受けて輝くパルテノン神殿（アテネ）

▲オシオス・ルカス修道院（デルフィ近郊）

▲クノッソス宮殿に復元されている《百合の王子》の壁画と著者

▶アーモンドの大樹を背景に、アテネの古代アゴラで

ギリシアつれづれ旅

岡野裕子

文芸社

写真提供＝ギリシア政府観光局

ギリシアつれづれ旅

目次

KAVALA
カヴァラ
Molyvos
モリヴォス
LESVOS
レスボス島
MITILINI
ミティリニ
EVIA
エヴィア島
HIOS
ヒオス島
ANDROS
アンドロス島
SAMOS
サモス島
IKARIA
イカリア島
MIKONOS
ミコノス島
PATMOS
パトモス島
union
ニオン
NAXOS
ナクソス島
THIRA (SANTORINI)
ティーラ島（サントリーニ島）
RODOS
ロードス島
IRAKLION
イラクリオン
KRITI
クレタ島
Knossos
クノッソス
Sfakion
スファキオン
AG.NIKOLAOS
アキオス・ニコラオス
Ieropetra
イエロペトラ

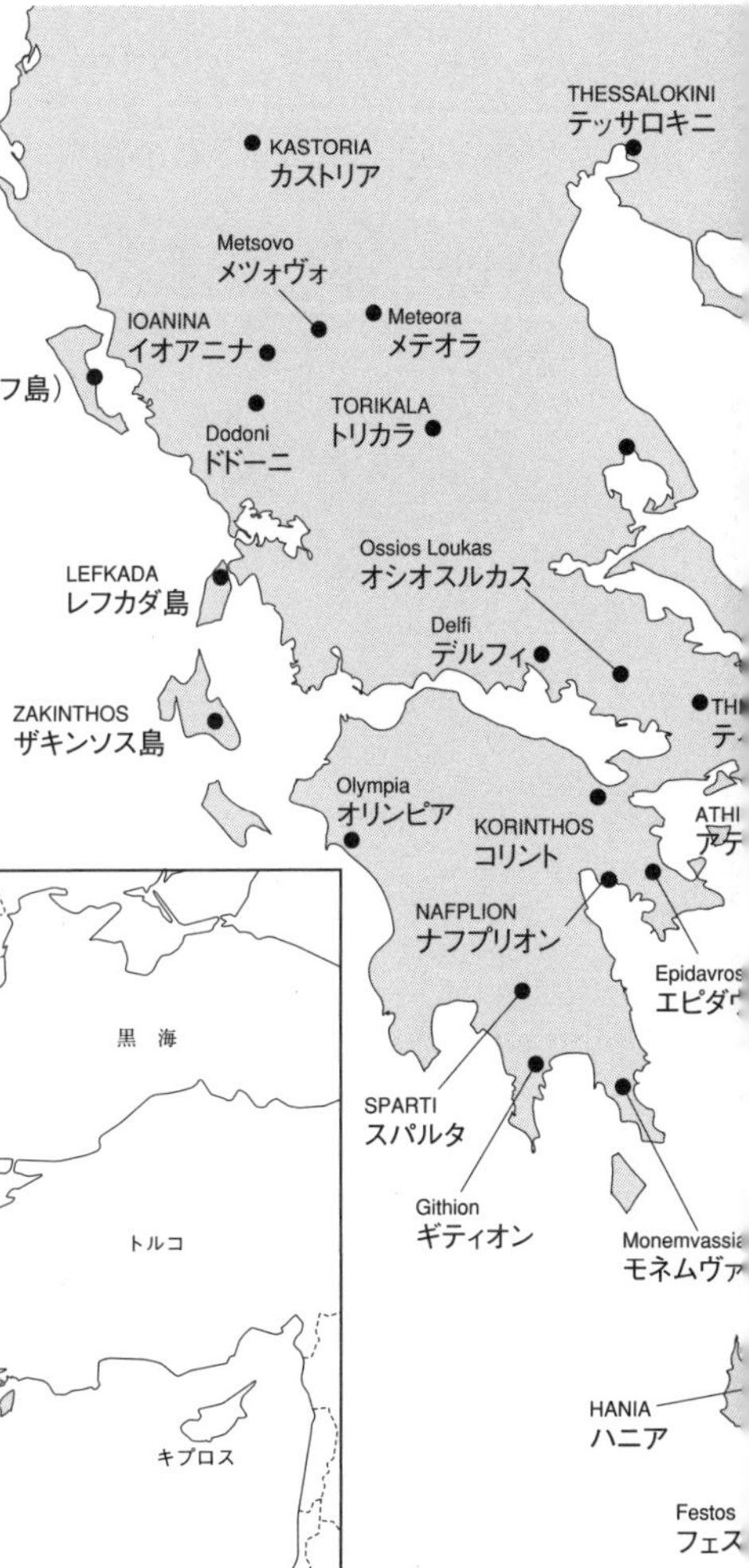
THESSALOKINI
テッサロキニ
KASTORIA
カストリア
Metsovo
メツォヴォ
Meteora
メテオラ
IOANINA
イオアニナ
KERKIRA
ケルキラ島（コルフ島）
TORIKALA
トリカラ
Dodoni
ドドーニ
Ossios Loukas
オシオスルカス
LEFKADA
レフカダ島
Delfi
デルフィ
ZAKINTHOS
ザキンソス島
Olympia
オリンピア
KORINTHOS
コリント
NAFPLION
ナフプリオン
SPARTI
スパルタ
Githion
ギティオン
HANIA
ハニア
Festos

ハンガリー
ルーマニア
クロアチア
ボスニア
ヘルツェゴビナ
黒 海
ユーゴスラビア
ブルガリア
マケドニア
アルバニア
ギリシア
トルコ
イタリア
キプロス
地 中 海
リビア
エジプト

まえがき（幸運の手紙）

ギリシア大好き人間の相棒（夫）は、在外研修の期間をギリシアで生活すると早くから決めていた。しかし、大好きといっても、ソクラテス、プラトン、アリストテレス、エピクロスなど、皆紀元前の古代ギリシアの人々である。

全くうかつなことに、一緒に行く私は、彼等の時代のギリシア語と現代のギリシア語とは、源氏物語の言葉と現代日本語とが異なるのとほとんど同じ程度に異なるものだということを考えてもみなかった。その上、ギリシア語の本を読んでいる相棒が、実は現代ギリシア語を話したことがないということも忘れていた。

そうこうしている内に、夫の在外研修期間が近づいてきた。現在のギリシアに知人はなく、猛暑の夏に三日間アテネに寄った経験しかない私は、冬のギリシアが寒いのかどうかも分からぬままに、留守宅の片付けに忙殺されていた。

部屋はどうしようか。とにかく、九月初旬にアテネに行ってから部屋を探すしかない。

そんな時、アテネから一通の手紙が届いた。面識のないC夫妻からの日本語の手紙で、一年間借りられるアパートがあるとのこと。アテネ大学でプラトンを研究しているC氏によれば、そのアパートは彼の主任教授が所有するものだという。

難しいに違いない外国での借家契約に、現代ギリシア語にも強い日本人に立ち会ってもらえるなんて、願ってもないこと。一番の悩みの種であった住居の手続きをC氏にお願いして、私達はほとんど不安無しに、アテネの下町「スピンサルー横丁」での生活を始めることが出来たのだった。

アテネ大学で十二年もの間、プラトンに取り組んでこられたC氏と、その間ずっと彼を支え続けたC夫人に出会えたことが、私達の最大の幸運だった。

Ⅰ

アテネにて

14

アテネのバス（失敗第一号）

アテネでは一九九七年現在、私達が滞在した九五〜九六年当時と同じく、ＥＵの資金援助を受け、あちこち地面を掘り返して急ピッチで地下鉄延長工事が進められている。どういうわけか人々は、時々地下を通るその路面電車を地下鉄と呼んでいた。私が滞在した間、地下鉄は、アテネ市北東部の高級住宅地キフィシアから、都心の南西十キロにある前五世紀以来ギリシア第一の港であり続けたピレアスまで、たった一本走っているだけだった。だから自家用車族以外は、多くの人がバスとトロリーバス、タクシーを利用した。朝の通勤時間のバスは日本の通勤電車と同じ位詰め込まれ、息も出来ない程だった。ビザの書き替えに移民局へ行かなければならなかった時に三回、苦しいけれど得難いラッシュバスの体験をした。バスとタクシーの台数は驚く程多かったが、市内のほとんどの道は一方通行が厳格に守られていた。タクシーも高くないが、バス代は安く、勝手が分かってくると実に便利だった。

しかし何事にも初めがある。その後私達が「アテネの歩くバイブル」と崇め、何から何まで教えを請うたＣ氏が、初対面の日に真っ先に教えてくれたのが、アテネのバスの乗り方だった。

「バスにお乗りになる時は、一枚七十五ドラクメスのバス回数券を買っておいて下さい。バス内では買えませんから。バス停近くのキヨスクで売っています。市内は全部均一料金です。」

考古学博物館へ行こうと決めた前日、バス通りでキヨスクを探した。これは沢山ある。日本で言えば東京の銀座に当たる所など、何軒も並んでいる上、回数券だけ売るブースもある。十枚求めてひとまず安心。（一枚買うことも出来る。但し日本のように十枚分の料金で十一枚買えるというようなきめ細かなサービスは一切ない。要するにまとめて買う乗車券なのだ。）

さて当日、新鮮な気持ちで近くのバス停に立つ。何と、ざっと数えて二十種類位のバスがその停留所を通ると表示してある。バスは乗りたい人が手を上げなければ停まらない。乗降客がなければバスは速度をゆるめたりしないから、バスの行先番号を遠くから確認するのは、不慣れな旅行者には至難の業。やっと止めて乗り込むと、今度は回数券をどうしたら良いのか分からない。車掌はいない。まねをしようと見回しても、誰も何もしない。停留所ごとに人々はすいすいと乗降するけれど、切符を入れる箱もない。運転手に聞こうとヨロヨロ近付いてみたが、アテネの話好きの客が運転手を独占し大声で話していて、割り込む隙間がない。（超お喋り好きのギリシア人は、所かまわず運転手に話しかける。アテネの渋滞中の街中でも、ペロポネス半島の村はずれのガタガタ道でも、小島の断崖の上の細道でも、そして遠距離を行く高速バスの中でさえも……。）

そして降車駅に来てしまった。人々はどんどん降りる。私達もしっかり回数券を握ったまま降りてしまった。只乗《ただの》りである。困り果てて「バイブル」に電話した。

「中央あたりか後の方に印字機があります。自分で印字するのです。」

「誰も何もしませんでしたよ。」

「多分定期券の客が多かったんですね。」

帰路はしっかり眺めてみた。なるほど乗客は十センチと二十センチ位の長方形で、厚さ五センチ位の金属製らしい赤箱に券を差し込み、ジィーと印字していた。自分で印字すればあとは不要なので、バス停には降車客の捨てた券が沢山散らばっている。券を入れる箱が用意されているバス停もあった。馴れてからよく見ると、何番のバスに何月何日何時何分に乗車したかが印字されていて、仲々面白い。只で乗ろうと思えば、いくらでも出来そうだが、わが相棒はギリシアに対して特別な愛情を持っているようで、帰路に往路の分も印字したりしていた。その上、チップも、他の国にいる時よりいつも多目に心掛けているようだった。その事を冷やかすと、相棒は、「今、ギリシアは貧しいのだ」と、まるで運が傾いた実家を悲しむような顔をした。バスの乗車券の方は、

「たまに検札が来て、印字してないと二十倍の料金をとられます」

との事で、とられた日本人も何人かいたと聞いたが、私達は十ヶ月間、一度も検札に出会わなかった。ガタガタする古いバスで、快適な乗心地とはとても言えないが、日本円にすると四十円位で相当の距離を運んでもらえるのだから、実に有難かった。


丁度東京から鎌倉の海を見に行く感じで、《A3》のバスに乗って終点のグリファダへ、そして時にはそこでバスを乗りかえ、スニオン岬まで、エーゲ海に沈む夕陽を見に出掛けた。


慎重派の相棒はいつも早目に回数券を買っておいて、バス停や車中で乗車券が無い事に気付き、一〇〇ドラクメスのコイン片手に譲ってくれる人を探すギリシア人に、何度も頒《わ》けてあげた。すべてに大まかなギリシア人は、ポケットをさぐってキッチリ釣銭を出すと恐縮する。釣りのない時は、

「どうぞ、どうぞ」

の言葉通り、日本の百円玉に似た一〇〇ドラクメスのコインを一つ受け取り、下車してから、ちょっともうかったかな、と笑った事もあるが、美人に
「エファリスト　ポリ（どうも有難う）」

とニッコリされると、

18

「パラカロ（どう致しまして）」と丁寧に言ってから、本当は只で差上げたかったな、なんて呟いていた。

バス券（80％大）

バスの切符は日記のかわりになる

メモがわりに書き込んだ

日付、時間が印字される

255番のバス

9月22日の14時21分乗車

こんな小さな字とても読めない

2002年からドラクマはユーロに代わった。

3月末でも風が強く寒いスニオン岬。アポロン・コーストを走る帰りのバスでエーゲ海に沈む夕日を堪能した。

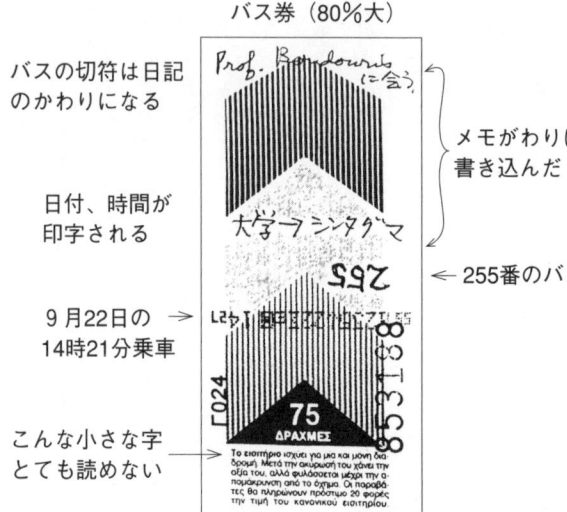

アテネのバス（失敗第二号）

古代ギリシア語の読み書きは出来るが現代ギリシア語は苦手という相棒と、古代も現代もギリシア語はまるで解けない暗号が並んでいるように思える私が、九五年九月半ばにアテネにやって来て、十月早々エーゲ海の島々に旅立てたのは、すべて《アテネの歩くバイブル》Cさん御夫妻のおかげである。先ずアパート全体の入り口の鍵と各戸のドアの鍵（日本のものと違い、とても複雑に出来ている）の開閉の仕方から始まり、お米はどこでどの銘柄を買えば日本米に近いか、肉は何と言って注文すれば良いか等々、適切に教えてもらい、お蔭で毎日のように日本食らしきものを食べることが出来たので、和食党の私も思ったより容易に順応出来たのだと思う。とにかく十月中に、相棒の長年の希望の島、レスボス、ヒオス、サモス、そしてヨハネが黙示録を書いたパトモス島まで巡ることが出来た。

十一月に入ると海は荒れ始め、島々への船便もなくなり、島のホテル、レストランも五月まで閉じてしまうので、内陸の旅に切り替えた。まず長年の憧れであり、古代の王も勇者もその御神託を伺いに集まったアポロン神殿の遺跡があるデルフィに、国営長距離バス（クテル）で行ってみようと決めた。各ホテルまで送迎付き、英、独、仏語のガイド付きの観光バスもある。しかし、ギリシア人が行くようにやってみよう。

ギリシア滞在十二年の「バイブル」夫妻は、三回とも長距離バスで行ったそうである。「《024》番のバスの終点、オモニアの次の停留所から数分歩くと長距離バスの始発駅ですから、すぐ判ります」との事だった。《024》のバスの始発駅はわがアパートから割に近く、大きなスブラキ屋（日本の串焼き屋）の前なので、よく知っている。でも初めてだから、慎重を期して前日偵察しておこうという事になり、十一月十一日の午後、《024》のバスに初めて乗り込んだ。空は青く澄み、日本で言う小春日和のような土曜日だった。

このバスは思いもかけぬ小道を通りぬけ、急な坂道を登ったり、また大通りに出たり、国立公園の横を抜けたりして、アテネの中心地オモニア広場に出た。この次らしいと期待したが、そこでは大荷物を持った男女四、五人が下車しただけ。あとは平然と座っているから、終点ではない。しかし時間から考えて、

「降りてみようか」

と相棒が言う。結局それが正解だったのだが、C氏の真面目な顔を思い出して、私は言った。

「でも『バイブル』が終点だと言うのだから、とにかく終点まで行きましょう。」

ところが、うららかな秋の陽に輝く街並を眺めながら、行けども行けども終点にならな

い。客は二人、三人と降りてゆき、道の両側はもう明らかに街はずれの感じで、どう考えても変だ。それにしても向かいの座席の学生風、赤Tシャツの男は巻き毛の金髪、長いまつ毛、大きな目で、全く絵本のアポロそっくり。驚いて見とれている中に、オモニアから二十分も走って彼も下車。車内は私達だけになった。道沿いに小川が見え、土手らしい所に木立が並び、畑が見え、遂に何もない空地に停車して、運転手も降りた。

さあ大変。彼を追いかけ、

「デルフィ行き長距離バスの始発駅はどこでしょう。このバスの終点近くと教えられて来たのですけど」

デルフィの競技場跡（前3世紀建造）。アポロン神殿より高いところに5000人収容出来る劇場が造られ、更に針葉樹林を登ったところにある。観客席（左側）は6500人収容出来、トラックは直線で178メートル。

と英語で尋ねた。明らかに英語はいやだという顔で、それでも、

「二十分後にこのバスが出るから乗って行け」

と言ってくれ、どこかに姿を消した。近くには売店も人家もベンチもない。幸い陽光に恵まれていたが、空地で二十分間、ぼうっと立って待つしかなかった。どこかで見たような感じだと思いめぐらし、ああ、半世紀も前の子供の頃、東京市から郡部へ出たバスの風景に似ていると思った。やがて乗客は私達二人だけで発車。約二十分近く戻って、運転手の手まねきに促されて降りたのは、往路で相棒が降りてみようかと言った停留所だった。

その数日前に市内バスの路線が一斉に変わったのだった。随分前からバス停やバスの中に地図が貼られていたが、米粒程のギリシア語の地名など、土地勘のない私達に読める訳がない。キヨスクの人に聞いても肩をすくめるばかり。ギリシア人も各停留所でバスを止め、運転手に大声で尋ねて、乗ったり乗らなかったりしていた。

全く予期しなかった、地名も分からない所への半日のバス旅行でぐったり疲れてしまったが、おかげで翌日は憧れのデルフィへ無事到着できたのだった。

そして多分、二、三年後に同じバスに乗ることがあっても、両側はアテネらしい五、六階建ての集合住宅が続き、あの妙になつかしい感じの川も木立も畑も二度と見ることは出来ないだろうと思われる。東京の郊外がそうであったように……。全く信じ難いことなの

だけれど、アテネはギリシア全土の人口の四割が住むと言われている。まだまだ成長し続けている恐ろしく巨大な都市なのだ。

24

タクシー（初めての相乗り）

日本で大気汚染防止や省エネルギーが真剣に話題になったのは数年前だったろうか。当時、たしか、通勤に使うマイカーやタクシーの相乗りが提案されていた。例えば横浜の自宅から都内へマイカーで通勤する三人が、地球環境保護のため多少の不便を我慢して一台に相乗りすれば、ガソリンも排気ガスも三分の一で済む。タクシーも、同じ方面に行きたい人が二人一緒に乗ればガソリンは半分、三人一緒に乗れば排気ガスは三分の一になる。これは結構な話ではないか。外野の私達は是非そうして欲しいと思ったが、あまり実行されずにこの案は消えてしまった様子。

いつ頃始まったのか知らないが、ギリシアではタクシーの相乗りは至極普通のことだ。例えば青山さんがA地点からB通りを横切りC地点に行こうとタクシーに乗る。赤川さんはBからDに行きたくてBでタクシーを待っている。赤川さんの目的地を聞いた運転手は、BからCを通ってDに行くのが遠回りでないと判断すれば彼を乗せる。青山さんはA↓B↓C間の料金を、赤川さんはB↓C↓Dの料金を払うから運転手は損をしないし、赤川さんも空車を待っているよりずっと早く着くことが出来る。後から二人連れが乗る場合を考えてのことだろう、一人で短距離を乗る男性は初めから助手席に乗っている人が多かった。

ギリシアのタクシー料金は日本よりずっと安い。従って利用客も多い。タクシーの台数も多いが、空車の少ない時間帯には時々相乗りをした。全く幸運なことに、相乗りで嫌な思いをしたことは一度もなかった。お金持ちの日本人に見えなかったせいかもしれない。日本人の集まりなどで、先程の赤川さんのようにB地点で乗り、先客がCで下車してからDに行く時、三角形の二辺をわざと回ったとか、四角形の三辺を回って大損だったなどと怒っている人も時々いた。彼女達は、日本人はお金持ちだと思って遠回りするのよ、と口惜しがっていた。

勿論最初はびくびくしていた。相乗りなんて、どこの誰だか分からない人と一緒にタクシーに乗るなんて、恐ろしい。

「ギリシアではタクシーの相乗りはごく普通ですが、慣れるまではなさらない方がよいと思います。」

アテネ到着の翌日、ホテルまで迎えに来てアパートへ案内して下さったCさんがそう言った時、ギリシア語を話せない私がギリシア人とタクシーに相乗りする日が来るなんて夢にも思わなかった。

ところが、である。アパートに移ったのは日曜日の昼過ぎだった。都心のホテル付近は人通りも多く、レストラン、喫茶店、おいしそうな果物が並ぶ青果物店、食料品店などたくさんの店が開いていたが、アパート近辺はどの店もシャッターが下り、道に人けもない。どこでパンを買ったらよいのかさえ分からない。

「家の者が夕食を用意していますので、今夜よろしかったら家に来て下さい。タクシーに乗れば十五分位で着きますから。」

このCさんのご親切な申し出に大喜びですぐ乗った。

アテネは一方通行だから、バスもタクシーも北へ行く時と南へ行く時では道路が違う。市内地図に我が家、中心地へ向かう時のバス停、そしてCさんの家へ向かう時にタクシーを停める場所を書き込んでもらう。そして運転手に見せるため、ギリシア語ではっきりと住所を書いた紙もいただいた。

夕方、万一のことも考え四十分近くも余裕をみて出掛けた。なるほど、すごい速度でタクシーはびゅんびゅん何台もやって来るが、驚いたことに空車がない。日曜日の夕方だからなのか、必死になって探しても、誰か乗っていて飛ばして行ってしまう。その上、私達と同じ場所に待つ客が三組もいる。あ、空車、と思う間もなく、黒ずくめの二人の若者が、二匹のスマートな豹のように車に突進して乗ってしまった。感心している場合ではない。時間はどんどん過ぎてゆく。約束の時間に遅れてしまう。タクシー乗り場があって、行列していれば順番が来るという国ではないと知った。少しでも早く止めたいと、私は車の来る方に向かって歩き出した。すると女連れの二人もヒールの音高く私を追い抜き、何台か止め（空車でなく、相乗りの交渉だったらしい）、あっという間に走り去ってしまった。あまり目のよくない我ら二人、空車かどうか目をこらし、空しく手をあげじりじりしている内に、三十分過ぎてしまった。

空車はない。遅れてしまう。もう相乗りが恐ろしいなんて言っていられない。タクシーに乗る以外に手段はないのだから……。闇雲に手をあげ、振り回し、何台か停まってくれた。Cさんの住所を見せ、「ネ（YES）」と扉を開けてもらった時には、もう何年も相乗りをしているような度胸になっていて、自分でもすっかり驚いていた。助手席にはおとなしい先客がいて、十分も走らない中に、静かにお金を払って降りて行った。

28

タクシー（幸運な相乗り）

ギリシアのレフカダ島生まれの歌姫バルツァの人気は、日本でも本国でも凄い。彼女が久々に本国でカルメンを歌うというので、切符売出しの日は早朝から長い行列が出来たそうだ。アテネでは音楽会の切符を買うのに行列など見たことがなかったので、午後行ったら、彼女が歌う日の券は午前中で見事完売。一日考えて、やはりこの地でカルメンを聞こうと、彼女と交代でやる先輩歌手の日の券を翌日買った。

日本ではオペラの券は誰が歌ってもS席X円、A席Y円、B席Z円なのに、アテネでは、バルツァの日は一万ドラクメス、他の日（彼女の先輩歌手の日）は五千ドラクメスだった。他の国のことは知らないが、ギリシアと日本の芸術に対する違いに本当に驚いた。

アテネの人々は一般に夜が遅い。私達が夜中の十二時に訪問宅でさよならを言おうとすると、まだ早いじゃないと引き止められる。

オペラはたしか八時開始だったと思う。第三幕が終わったのが十二時。時計を見てしまったのは私一人だったかもしれない。それから舞台装置を入れ替え、かのセヴィリヤの闘牛場前の広場となる。第四幕は約三十分だ。

「俺が殺したのだ。ああカルメン」

と、ホセが息絶えたカルメンの上に身を投げ、観客の興奮の中に幕が下り、再び幕が上がって、生き返った出演者達への盛大な拍手が続き、派手で楽しい挨拶が繰り返される。本当に幕となってから、ほとんどの人がゆっくり、おしゃべりしながら階段を下りるから、やっと会場を出ると一時を過ぎていた。

マイカーのない人は急に現実に戻り、争ってタクシーを止めようとする。空車は数少なく、相乗りの手腕では慣れたギリシア人に太刀打ち出来る筈がない。相乗りで周りの人がどんどん去る中、それでも力なく手をあげていると、すーっと一台……。

「スピンサルー!」

一生懸命、大声で言う。

「オー　イエス。アイ　ノウ。」

運転手の隣に座っていた男性の先客が素早く反応し、運転手を促してドアを開け、乗せてくれた。車は一方通行の上、時間帯によって変わる右折禁止の道が多く、どの道が良いか運転をしない私には全く判らない。運転手だって、小さな町の名前を知っているとは限らない。

この時は天の助けと思えた。中堅社員風で明快な英語を話す先客は、友人がスピンサルーにいて、そこは自分の回り道にならないと即座に判断し、拾ってくれたのだ。車が走り出すと彼は再び運転手とギリシア語で話を続けたが、時々曲り角を指示もしている様子だった。私達の知らない道を通り、まるで手品のように短時間でアパートの前に出た。

「おやすみなさい」

と走り去った彼の背のあたりに、ギリシアの温かいもてなしの風が吹いているような気がした。

偶数ナンバー車を探せ

真昼は四〇度を超すことが珍しくもない夏のアテネで、九六年夏にはほとんどのタクシーにクーラーがなかった。オリンピックが開かれる二〇〇四年までには事情は一変していると思うが……。

タクシーを止めようと木陰もない道端に立っているだけで眩暈《めまい》がしそうな七月の夕方のこと、空車が来て目の前に停まるのに、行先を言うとなぜか乗せてくれない。

ギリシアでは、運転手が路上の客の行先を聞いて「ネ（YES）」と言って扉を開けてくれれば、先客が助手席にいようと後部座席にいようと、乗ることが出来る。「オーヒ（NO）」とか、何も言わずにあごを上げればダメというサインで、車は走り去る。その夕方、アクロポリス近くの素晴らしく眺めの良いプニクスの丘で、相棒の所属する学会があった。彼は歩いて行こうとしたが、とんでもない。四〇度を超えた日中の熱気はまだ一面に漂っていた。あと一時間も経てば涼風も吹いてくるのだけれど、この暑さでは私はよく空車の通る道まで歩くのも無理と思いすぐ近くの大通り端に立った。

アテネに来て十ヶ月、何回となくタクシーを利用したが、こんなに何台も続けて拒否されたことは一度もなかった。時間はどんどん過ぎてゆく。だから歩けばよかったのにと、相棒は自分の腰痛も忘れて怒っている。彼にとっては大切な会で、遅刻するわけにはいかないらしい。

その学会は勿論ギリシア語で行なわれるから、私にとっては文字通り"All Greek to me"（チンプンカン）で、全く理解出来ないに決まっている。しかし、会に続く懇親会も含めて、二人単位で案内状が届くのは、東南端に位置する国ではあるけれど、やはりヨーロッパなのだ。

「あの丘はとても見晴らしの良い所ですから、あたりの風景を眺めていればいいのよ」と、経験者の奥方は落ち着き払っていた。懇親会の会場は、フィロパポスの丘に散歩に行く度に前を通り、興味を引かれていた新しい五つ星のホテルで、いつも色々な国の旗が数本、風になびいていた。今夕はまた、この地で大変お世話になった御夫妻にお目にかかれる最後の機会でもあり、私も出席することにしていた。

やっと一台空車が停まり、女性運転手が初めて、はっきりした英語で教えてくれた。「アクロポリスやプニクスの丘方面へ今日行けるのは偶数ナンバーの車だけなのよ。偶数車を見付けなさい。私の車は奇数車だから、今日は北の方面には乗り入れ禁止なのよ。」

これは全く知らなかった。非情に走り去った今までの空車の運転手は、私達がそんな事も知らないとは多分思わなかったのだろう。旅行者を一人も見かけない地区に立っていたのだから……。それとも英語を話したくなかったのかもしれない。とにかく理由が分かってほっとして、南の方へ走り去った女性運転手に心から感謝した。

やっと偶数ナンバーの空車が来た。運転手はこの暑さにも一向に動じない知的で静かな若者で、丁寧な運転で人通りの少ない裏道を巧みに選び、プニクスの丘の麓まで上手に運んでくれ、遅刻しないで済んだ。大学を出ても出なくてもきびしい就職難のアテネにはさまざまな運転手がいるが、この人は静かな研究生活が似合いそうな印象を受けた。

政府の光化学スモッグ対策として、夏の間庶民の自家用車は曜日によって使用を規制されていると聞いていた。偶数ナンバー車は月水金、奇数ナンバー車は火木土しか運転してはいけない。しかし、どうも、公害に対して楽天的なギリシアの庶民は、偶数車と奇数車の二台ずつ持っている人が多いという噂だった。真偽の程は知らないけれど。

ともあれ、あの高温の日（何度だか忘れてしまったけれど）、タクシーの規制のことは全く知らなくて、あの親切な女性運転手に会わなかったらパニックになったに違いない。はっきりとは覚えていないが、きちんと紺の上着かブラウスを着ていたような気がする。

女性運転手といえば、爽やかな五月のある日曜日、ピレアス港周辺の探訪に出掛けた時に出会った人を思い出す。地下鉄と人々が呼ぶピレアス行きの電車（ほとんど地上を走るが、九六年には地下鉄と呼ばれていた）にも乗ってみたかったが、時間短縮を考えてタクシーに決めた。白ブラウスに紺の上着の、眼鏡をかけた三十代と思える女性だった。郊外に向かう道は思ったより空《す》いていて道幅も広く、街路樹もアテネの中心街よりずっと大きく枝を伸ばして緑豊かで、五月の光の中を走っていた。アテネでは初めての女性運転手だった。相棒がピレアス港周辺に軒を連ねる高級海鮮料理店の評判など尋ねると、妥当な答が返ってきた。

アテネ近郊ピレアス美術館の《アポロ》。東洋的なお顔をしている。

「タクシーの仕事は女性にとってどうですか。」

「とてもいい仕事だと思っています。周りの人に気を使わなくてもすみますし、時間も選んで働けますから。」

外国人が直接目にする職場である郵便局や銀行、マーケット、移民局などで働く男女は、窓の外から見る限り同権に見えた。近所の銀行の支店長は女性で、歌舞伎のファン、小柄だけど堂々としていた。でも一般の会社では、男女ともそれなりに気苦労は多いのだろう。タクシーは個人営業だから上役や同僚への気兼ねがないというのも、もっともだ。しかし、私達の出会った女性タクシー運転手は、偶然かもしれないが、皆、英語が明快で、きちんとした服装だった。それだけ構えているという事だと思う。

子煩悩

アテネでは、父親が幼い子を抱いたり、肩車したり、普通に手をつないで散歩したりする姿をよく見かけた。いかにも可愛いという顔をして。父親の方は三十歳を過ぎれば腹部がたるみ出し、日焼けして毛むくじゃらな人が多いのに（勿論スマートでハンサムな男性も少なくはありませんが）、子供達はとびきり可愛い。色白で、驚く程長いまつげの奥に澄んだ大きな目。夕方の散歩の途上でそんな親子に出会う度に、相棒は、

「どうしてあんな毛むくじゃらに、あんなに美しい子が生まれるのだろう」

と、溜息をついたり、唸ったり。私の方は、

アテネへ帰るバス停でバスを待ちながらお喋りをしたミケーネの小学生。

「どうしてあれ程美しい子が、あんなにたるんでしまうんでしょう」と嘆かずにはいられない。どの子も例外なく、古代ギリシアの端整な彫刻のよう。部屋に飾って眺めていたいと思う程、完璧に美しい。

ギリシアの夏は暑い。道行く人は学生も観光客も水のボトルを持ち歩き、どこで立ち飲みしても見咎められない。勿論、大通りにも裏小路にもレストランやカフェは数多く、ジュースやコーヒーと一緒に水を飲みながらゆっくりと休息する人も多い。長距離バスでもタクシーでも、運転手は必ずハンドル近くに大きな水のボトルを置いていたのを思い出す。近くのバス停まで歩くのも面倒な七月の昼頃、家の近くから市の中心地までタクシーに乗った。走り出すとすぐに、運転手が、

「僕の家はごく近くなので、ちょっと水を汲ませて下さい」

と言う。さほど急いでいなかったし、水は買うものと思っていた私達は感心して、どうぞどうぞと応じた。

最初の見慣れた小路を折れ、もう一回曲ると停車。たしかに私達の住居から至近距離。時間がある時は毎夕のように近隣を散歩したが、そこは通ったことのない小路だった。少し待って下さいと素早く下車し、数メートル戻る彼を目で追う。アパートの表玄関まで行く時間を惜しんで、路上から低い植込み越しに身を伸ばして、目前の部屋の窓を叩いた。

すぐ窓が開き、彼はボトルを渡して大声で楽しそうに話している。やがてボトルを受け取ってもまだ話していると思ったら、窓から金髪の子供の頭が出てきてびっくり。日焼けして逞しい両腕が伸びて幼児を抱き取り、にこにこ顔で帰ってきた。

「息子はとても車が好きなんですよ。」

色白で大きな碧《あお》い眼の子を助手席に置いて走り出した。父親は濃い茶の髪に茶色の眼だから、坊やは奥方似なのだと勝手に想像する。この三歳くらいのチビさん、信号で停車する度に交通巡査の真似をして、得意そうに私達の方を見ながら叫ぶ。私には判らないが、

「直進待ち、左折ＯＫ」

など正しい号令らしく、父親は嬉しそうに、

「将来、私の後を継いでタクシーの運転手になるのです」

と自慢顔。道の混んでない時間を見計らって、毎日運転の英才教育を始めているらしい。日本では親子二代のタクシー運転手は珍しいように思う。

ヘアスタイル、着ているもの、接客態度から話題まで千差万別、一人として似ている人はいないギリシアのタクシー運転手達の中でも、彼は飛びぬけて楽天的だった。思い出すたびに何となく楽しくなる。

あれから五年近く経つ。背丈の伸びた金髪の子は、今日も助手席で叫んでいるだろうか。

ギリシアの冬と夏

「ギリシアにも冬があるの？」

「ギリシアって、一年中雨が降らないんでしょ？」

などと、日本の友人達によく聞かれた。九月にギリシアに行く事になった時、私自身冬支度をどうしたらよいか見当もつかなかった。ギリシアといえば、まぶしい太陽、碧いエーゲ海、白砂のビーチで肌を焼く水着の若人達のポスターや、抜けるような青空を背景に、アクロポリスに立つ大理石のパルテノン神殿、その周りに汗を拭き拭き群がるサングラス、タンクトップ、ショートパンツ姿の世界各地からやって来る観光客群がまず目に浮かぶ。

一九九三年に初めてツアーに参加し、アテネのパルテノン神殿へ通じる広い正面石段を押すな押すなの状態で登った時、先ず目に入ったのは、日射病で倒れ、担架で運ばれる白人青年の姿だった。その夏アテネは水不足で、街路樹も暑さに喘いでいた。

昔々の神々だって、片方の肩を出し、薄くゆるやかなローブを着ている絵など多いから、冬はないのかと思いがちだが、とんでもない。長くきびしい冬があるのです。

あのデメーテルのことを思い出してみよう。ギリシア神話に登場する情容赦なく復讐を繰り返す女神達の中で、私が一人だけ親しみを感じるデメーテル。彼女は連れ去られた娘を捜しに捜して、遂に黄泉《よみ》の国まで行き、ゼウス立会いのもとに半年間だけ娘を地上界に取り戻す協約をとりつけた。だから彼女の最愛の娘ペルセポネが母と共に地上で暮らす半年間は、花咲き乱れ実を結ぶ美しい季節で、あと半年、彼女が地下深く冥府の王ハーデスと共に暮らす間は、世界は花の咲かない暗い冬の日々が続くのだと神話にちゃんと語られている。神々の時代から、半年間は暗い冬と決められていたのだ。

《デメーテルとペルセポネの浮き彫り》

アテネの緯度は北緯三十八度、白石市や新潟市とほぼ同じである。十一月から四月初旬まで、アテネでは曇りの日々が続いた。雨もよく降り、木枯しが立ち枯れたかと思える木々の間を吹き抜けてゆく。そして夏の間あれ程陽気で、外気浴好き、お喋り好きのアテネの人々はどこに消え失せてしまったのかと思うくらい、街路はひっそりと静かである。

高級でないわがアパートは、全館暖房なのだがなかなか上手《うま》く作動しない。台所、バスルームなど小さい部屋はすぐ汗ばむ程暖かくなるが、広い居間や寝室は短時間では暖まらない。午前中はどうも暖かくないのであちこち聞いてみると、各アパートごと、住民が集まってボイラーを焚く時間帯を決めているとのこと。デモクラシーの国なのだ。勤め人の多い所では、朝、昼、暖房の必要はないとの主張が勝つそうだ。昼間、玄関ホールやエレベーターで黒衣の老人ばかりに会うと思っていたが、意外に勤め人が多いらしかった。

勤め人や学生達は朝食を食べない人が多い。何しろ夜の食事は早くて九時。十時、十一時に始めるのが普通だから、起きたら部屋など暖めずに出勤する。そのせいだろうか、職場では始終コーヒーを飲んでいる。郵便局の窓口の人も、移民局の窓口の人も、銀行の窓口の人も、奥の方に座っている人も、手元にコーヒーカップを置き、ゆっくり飲みながら仕事をしている。

冬の間、管理費と一緒に集められる暖房費は、ボイラーを焚く時間によって増減するから、昼間は不要という人が多くなるらしい。老人達は寒いだろうと思うが、それぞれ工夫があるのだろう。私達も寒い寒いと騒いだ後で、各部屋で電気ストーブを併用すればよいとやっと気付いたのだった。十二月のどんより曇った日が続く頃、東京の年末に恵まれる小春日和をつくづく懐かしく思ったことだった。

三月末か四月初旬、太陽がもどってくると街は途端に息を吹きかえす。アテネでは十一月まで、もう雨が降ることはない。無類の洗濯好き、掃除好きの女達は、毎朝毎朝飽きもせず、洗濯物をベランダ一杯に展《ひろ》げる。どうしたわけか、「洗濯物は室内に干してはいけない。必ずベランダに干すように」と、アパート賃貸契約時にしっかり言い渡される。

アパートのベランダに立ってみると、色々と面白い。同じアパートの両隣は高い仕切り板で仕切られていて見えないけれど、話し声はすっかり聞こえる。道をはさみ向こう側のベランダは丸見え。表通りからは全く分からない家族構成とかご夫婦の好みまで判ってしまう。時々司祭の黒衣を着てベランダで空を見上げる御主人と、やはりいつも黒衣を身につけ家事をしている老夫人は、シーツも枕カバーもオレンジ色や若草色が好きなのだとか、そのお隣は毎朝誰よりも早くジーパンとTシャツを大人四人分、靴下はひどく沢山干すとか、サイズの違う子供物のTシャツが並んでいるから子供が二人いるらしい等々。

他人様のベランダがこちらから丸見えなのだから、あちらからも当然丸見えである。こちらのTシャツの枚数もタオルの良否も分かるだろう。それに夏の間は朝昼晩、家で食事の出来る時はベランダでゆっくり摂《と》った。居間、客の寝室、台所、寝室と横一線に並んだ部屋のベランダ側に、南国的な花柄の大きな日よけと、それぞれに洒落た電灯がついて、夏は涼しい客間となった。幅が広い大理石のベランダ（勿論木の板より安いから）は、水を流してブラシで洗うだけで掃除が簡単な上、広々として気持ちよく涼しい。ベランダをハイビスカスやブーゲンビリア等の熱帯植物でジャングルのようにしている家もあって、素敵なグリーンのカーテンになっている。

朝の食卓はギリシアの人たちと同じで、毎朝自分でしぼる極上のオレンジジュースに、フェタ（山羊のチーズ）をのせたグリークサラダ、パン、ハム、目玉焼きが並ぶ。違う所は二本の箸で食べること。目のいい人が多いギリシア人は、どこかの窓から、ベランダの植木の陰から、それとも洗濯物の向こうから多分見ているだろうなどと話しながら、いつも津軽塗りの箸で食べた。白いごはんを盛った茶碗を手に持ち、四角い黒い焼海苔や佃煮をのせて食べる時も、緑茶を飲む時も、何となく遠い視線を感じたりして面白かった。

さて、洗濯の次は掃除で、彼女達は家中を磨き上げるのが大好きらしい。窓ガラスも毎日のように洗剤を使ってピカピカにしないと気がすまない。ゴミ問題、環境汚染問題に悩む日本から来た私は、いつも水の汚染の心配ばかりしていた。そんなに洗剤をつけて磨かなくてもよいのにと、内心思い続けた。裏通りの商店街には三十メートルくらいの間隔で、多種多様の洗剤、掃除用具などを取り揃えた雑貨屋さんがあり、店の数の多さにまず驚く。

ゴミ収集車は毎夜必ず来てくれるが、分別してない多量のゴミを一体どこに捨てているのか、他国のことながら心配でたまらなかった。ギリシア語が出来たら新聞に投書していたと思う。

夏の間は、洗濯、掃除が済むとベランダのテーブルを囲み仲良しが集まったり、陽の当たる道端に椅子を並べたりして、主に老婦人達は大好きなお喋りに花を咲かせる。女達に家のベランダを占領されてしまった下町の男達は、街角のカフェ（女達が入れない、男達だけが集まるカフェも多いらしい）で、または自分の店先に椅子を並べ、出前のグリークコーヒーと水のグラスを小さな白いテーブルに置き、本当に飽きずに毎日毎日大声でお喋りをしている。昔からギリシアには「ロゴセラピー」（言語療法）という言葉があるが、確かに健康のためには良いだろう。そのせいかもしれないが、日本で言う寝たきり老人というものはいないのではないかと思える。彼等は這ってでも出て来て、お喋りに参加するだろう。

喧嘩だって全くオープン。下町のスピンサルー横丁では向こう三軒両隣どころか、四方八方に響き渡る声で男女とも争うのが聞こえた。ギリシア語が分かったらさぞ面白いだろう。内容が分からなくても、勢いと声量が優る方が勝ちと言わんばかりの攻防はすごい迫力。私達は四階に住んでいるのに、路上の夫婦喧嘩で昼寝を起こされてしまった事もあった。開放的な夏こそ、ギリシア人の季節と言えるのだろう。

短い春

ギリシアには晴天続きの夏と雨の降る冬の二つの季節しかないと聞いていた。そういう地域もあるのだろう。けれど私は、たった一度経験しただけなのだが、アテネ近郊、中央ギリシアの短く美しい春を忘れられない。ブルガリア、アルバニア等と地続きの北部ギリシアや、アフリカに近い南部では事情は違うだろうが、残念ながら草木が芽吹く頃には南も北も旅したことがないので、分からない。

日本人がスミレやタンポポ、菜の花にやさしい春の息吹を感じるように、ギリシア人もミモザ、赤い野げし、ヒヤシンスなどに春到来の喜びを感じるようだ。

乾いた風が石の道を吹き抜けてゆく二月、もうこんな寒い街はいやだ、どこかへ逃げ出したいと思う。そんな或る日突然、今まで目にも止まらなかった道端の木が黄色い花に掩《おお》われているのに気付く。おやと思って近寄ってみると、いつの間にか花の重みに枝が四方にしなっているミモザだ。ヨーロッパで春の使者として愛されていると聞いていたし、布地や絵皿などでよく見たが、東京の街路では一度も見たことがなかった。気を付けて見回すと、立派な門構えの邸の石段沿いに、満開の黄色い大樹が並んでいる。ベンチが数個置いてあるだけの街角の広場にも、そこだけ明るく、黄色いかたまりのような姿でミモザが咲いていた。皮のコートを着ても身震いするような寒風の中で、黄色が春の先駆けだった。

日本の春、梅は雪中でも凛として開花する。雪は降らないが寒いアテネの一月末に、まるで雪片のように白い花を細枝につけたアーモンドの木を見つけた。やがて白、ピンク、藤色と、さまざまな色あいのアーモンドの花が市内のあちこちに咲き出す。すると、あっと言う間に人々の声高のお喋りが戻ってくる。

一月中旬の雨の日、Y御夫妻とオリンピア遺跡へ向かった。コリントス運河を渡ると道路沿いの雑木林のあちこちに梅のように開花し始めたアーモンドが目に入った。春先の日本の山里の景色に似ていた。日本で梅の実をとるため梅林があるように、アーモンドも実の収穫のために林や畑が作られている。三月中旬、ミケネへ向かうバスの車窓から、ピンク一色のアーモンド畑が見えた。春の陽光が海のようにあたりに満ちていた。気むずかしい女神達も妖精も鳥達もみんなほほえみ唄い舞う春の宴を見た気がした。十日程後にやって来る日本からの客人達に、その輝くピンクの畑を見せたいと思ったが、待っていてはくれなかった。桜のように散るらしい。その日はミケネのバス停にある大きな梨の木の白い花が満開だった。

日本の桜が種類も色も開花期もさまざまなように、アーモンドも早咲き遅咲き、白、藤色にピンク、濃淡もいろいろある。忘れられないのは、パルテノン神殿から古代アゴラ（政治・経済・文化の中心地となった都市広場）まで丘を下ってきて、ソクラテスの最期の地と覚しきあたりを歩いていた時に出会ったピンクのアーモンドの老樹（巻頭口絵参照）。死者の魂を吸ってきたと伝えられる日本の桜の大樹に似て、妖艶な花をびっしりと身につけていた。一週間後にまた逢いに行ったら完全に散っていて、どの木だか分からなくなってしまった。アーモンドは日本の梅と桜の両方の魅力を持つ木のように思う。

春先、東京で、タンポポが狭い道端や舗装道路の割れ目などにまで咲くように、石ばかりごろごろしているアテネの空地や、大きな石と石の隙間などにも、小ぶりの真っ赤なけしが咲き出す。細いたよりない茎がゆらゆらと風に抵抗している。まだ寒い二月のある日、

「郊外で摘《つ》んできました」

と、F子さんが真っ赤なけしの束をくださったことがあった。これ程うれしい贈物はなかった。一日に何度も水を換え、あきず眺めた。冬の間眠っていた春の妖精達が、やっと目覚めて私の部屋に来てくれた感じだった。ギリシアの男性と結婚し、元気一杯の七人の子供を育てているF子さん。お若いのに、明治の女性のように言葉も動作も折目正しい。彼女と一緒に野原を散歩したら、ペルセポネ（ギリシア神話の女神。ゼウスとデメテルとの娘）の足音が聞こえるだろうと思われたけれど、どうしても時間がとれなかった。

太陽が顔を出すと、途端に人々の声も明るくなる。露天の市場、ライキアゴラに活気が戻る。花屋さんの店先が一層カラフルになり、大量の花が溢れるように並ぶ。春先に植木屋さんに種々の苗木や花鉢が色を競うように並ぶのは日本と同じ。ふと、間口一間程の小さな薬物屋さんの店先に、野生のほっそりした青いヒヤシンスが一束、コップに活けてあるのが目についた。いつもは威勢のよい小母さんの店で買うほうれん草を、その日は黙って立っているヒヤシンスの小父さんの所で買った。ほうれん草にはテーベ産と書いてあった。昔々、オイディプス王が住んでいた地から売りに来ているわけだ。この青いヒヤシンスは、赤ん坊のとき彼が捨てられたキテロン山の麓《ふもと》の原に咲いていたのだろうか。

「このヒヤシンスは野原で摘んできたの」

と思わず聞いてしまう。

「庭から取ってきたのさ。俺の家の庭で育てているんだ。」

どうだ、いい花だろうと言いたげな、得意そうな調子。しばらく眺めてから、売ってほしいと頼んだら、彼は黙って半分くれた。花屋で売っているあの甘い香りを放つ、整った花が太い茎にびっしり付いている派手なヒヤシンスとは大違い。その楚々とした姿はオイディプスの時代から変わっていないのではないかしら。何千年もの間、山野を渡る風に吹かれながら春を告げてきたのだろう。青いヒヤシンスは早春の山里の風音と香りを、アテネの白い石壁の部屋に運んで来てくれた。

どこの国でも、名所旧跡案内のパンフレットには、そこが一番美しい時の写真が使われる。弘前城や醍醐寺は満開の桜の季節の、神護寺や東福寺は楓の紅葉の時の……。

秋に初めてデルフィを訪ね、案内所で各国語のパンフレットを見た。ギリシア語をはじめ英、独、仏、伊語のパンフレットにはあの神々しい程美しい「馭者」（アポロン）の写真が使ってあった。デルフィは富山県利賀村と姉妹村だが、日本語のはなかった。でも、日本の菜の花と思われる黄色の花野の中に、アポロン神殿遺跡の六本の円柱が青空を背景に輝いて立っている写真があった。日本にいる間、菜の花咲くギリシアを私は一度も想像したことがなかった。それはアラビヤ語のパンフレットで、全く読めなかったが一枚いただいてきた。アラビヤ語圏の人達は、もしかしたら菜の花が好きなのかもしれないと思った。そして、この花が咲いている時期にデルフィを再訪したいと心から願った。

幸運にもこの願いは叶えられた。日本からの客達と一緒に、三月下旬デルフィに行った。そして昼の太陽を浴びて満足気な一面の菜の花の中に残るアポロン神殿の六本の円柱を、心ゆくまで眺めることが出来た。北欧で七月末に菜の花畑を見た記憶があるが、日本とギリシアでは菜の花は春である。

オリンピアでは有名なヘルメース像と濃いピンクの花ずおう、オシオス・ルカス修道院では淡いピンクの満開のアーモンドがパンフレットの表紙を飾る（口絵参照）。いつの日か花どきに訪ねたいと思うが、この国の春は本当に短い。

三月にエピダブロス博物館の近くで、白い花をつけた梨の木の下の地面が青く見えたことがあった。近寄って見ると、小さな青紫の玉のようなムスカリの蕾が地面を埋めていた。店頭に並ぶ鉢植えのムスカリはすらりと伸びた茎の先の方に青紫の花が咲くが、あの時のムスカリは茎がまだ地上に伸びていなくて、青紫の小さな玉が寄り集まってじっと手をつなぎ、まるで大地の奥の声に耳をすませているようだった。ムスカリの原種なのかもしれない。早春、雨上がりの暖かいモネンバシアの丘で見つ

菜の花咲くデルフィで

けた、やっと五センチほどに育った蕾をつけたヒヤシンス。まだ寒い二月のアテネの古代アゴラに咲いていた背丈十センチ程のシクラメン。三月にミケネの王宮跡でみつけた、小さい小さい日本のまむし草に似た花。私は沢山の小さな野の花にギリシアの春野で出逢い、それらの花が現在世界中の花屋さんに並ぶ華やかな花々の原種かもしれないと勝手に想像して、とても楽しかった。

52

雷と雨

すばらしい音響効果を誇り、現在も毎夏ギリシア劇やコンサートが行なわれるエピダブロス古代劇場と、医術の神として後世の人々に敬慕されているアスクレーピオスの神域を見学しようと、ナフプリオ市のホテルに泊まったのは、十二月初旬のことだった。風光明媚の誉《ほま》れ高い市なので、海の眺望を考えてAクラスのホテルをガイドブックで探しておいた。しかし長い坂を登り、息を切らせて辿りついた見晴らし抜群のそれらのホテルは皆、オフシーズンで閉まっていた。結果、高台に聳えるお城のような豪華なホテルに泊まることになった。

エピダブロス野外劇場。1万2千人の観客を収容。マイクなしで最後部でも聞こえるという。

「十二月四日午前二時、雷鳴で目覚めた」と旅の手帳に記してある。分厚いカーテンの向こうで烈しい稲妻が走り、一呼吸おいて雷鳴が襲ってくる。部屋のベランダのすぐ先に広がる海の上空を雷神が転げ回っている感じだ。一体ここはどこなのか、意識は広々とした天井や石の壁、石のスタンドのあたりをよろよろと彷徨《さまよ》う。やっとナフプリオだと気が付くと、昔絵本で見た黒雲に乗った雷《いかずち》の神・ゼウスの姿がパッと目に浮かんだ。日本の雷神は一時間も暴れればさっと立ち去っていくが、こちらの雷神は信じられない程しつこい。対岸のアルゴス山まで一気に馳せ登ったり、旋回しながら低空を戻って来たり、全く飽きもせず一晩中暴れ続け、

エピダブロス美術館のアスクレーピオス像

その翌日も一日中強い雨を降らせ続けた。前日の昼間、ゼウスの悪口を言った私に、突然異次元の世界から現われ出《い》で、神話の時代の雷鳴を聴かせているようだった。

ゼウスの孫（アポロンの息子）であるアスクレーピオスは医術に優れ、人間を死から蘇生させることに成功した。そんなことをされたら「不死」という神々の特権が侵されてしまう。そうさせてはならないと、ゼウスは彼の雷霆《らいてい》でアスクレーピオスを打ち殺してしまったと神話は語っている。この話を聞くと、判官《ほうがん》びいきの私はゼウスの悪口を言わずにはいられない。アテネの国立考古学博物館にあるアスクレーピオスの彫像の絵葉書を日本の友人に出すたびに、私はゼウスの悪口を書き送っていた。神々の時代なら、ゼウス批判など思い浮かべただけで即時虫けらにされてしまっただろう。勝ち誇るような雷鳴に一夜の眠りを奪われたくらい、実に軽いお裁きであったと言うべきだろう。

午後、雷雨に急襲されたこともあった。アテネでは春から晩秋まで雨が降らないから、六月に北部ギリシアを回る旅に出るとき、傘のことなど全く念頭になかった。カバラ、テッサロニキ、カストリアと回り、翌日の昼前にイヨアニナのホテルにチェックインした。空は暗かったが、街の中心部で食事をしてから、湖水の方へ散歩に出掛けた。あやしい風が灰色の湖面を渡ってきて、湖畔のピンクの花をつけた夾竹桃を激しく揺らしたと思う間もなく、金色の稲妻が中天を走り、雷鳴と篠つく雨。あたりには店も人家も全くない。近

デルフィ・アテナ女神の聖域のトロス。紀元前380年頃建造された円形神殿（トロス）はデルフィの神殿の中で最も美しい20本のドーリス式の列柱が並んでいた。現在その内3本が復元されている。この聖域でドイツ人夫妻と立ち話をする。

くの古城壁の下のトンネルまで夢中で走った。幅六メートルはある城壁の下の抜け道にも、両サイドから雨脚が勢いよく跳ね返ってくる。湿ったトンネルの真ん中あたりで、雷雨が通りすぎるのをひたすら待った。

「夏なのに、こんなにすごい雨が降るなんて、予想もしませんでした」

と、ホテルに帰ってフロントの人に言ったら、

「イヨアニナは毎日雨が降ります」

と、彼は少しばかり得意そうに答えた。

「だから湖水があるのです。」

常識というものがあれば分かるだろうという調子だった。その時はなるほどと納得してしまったが、「毎日」とはからかわれたらしい。カストリアにも、周囲を見事な鈴懸《すずかけ》の大樹の並木に守られた、白鳥が遊ぶ美しい湖水があるけれど、二泊して一度も雨など降らず、曇りもしなかったのだから。

日本ほどではないが、ギリシアも南北に長い国だ。北緯四十一度近いカバラやテッサロニキと三十五度のクレタを引っ括《くる》めて「ギリシアでは……」なんて言えるわけがない。アテネで夏、雨が降らないからといって、稲作の行なわれている北部地方で全く雨が降らなかったら、とても困るだろう。北の都テッサロニキからカストリアへバスで数時間南下し

た時、窓越しに、右側にも左側にも、大きなスプリンクラーが青々とした畑に盛んに散水しているのが見られた。何の畑か分からなかったが、その風景はかなりの時間続いたと思う。だから雨量が充分とは思えないけれど……。

ギリシア滞在中、二度ずぶぬれになった。二度ともアテネで。一度目は十一月十四日、初めてのデルフィ訪問の帰途だった。その日は朝から雲行きがあやしく、前日遠く海まで見渡せた窓の外は、朝カーテンを引くと、霧の海が窓辺まで押し寄せていた。その海のこかしこに、墨でぼかしたような木々が浮かんでいるようだった。朝食を摂りに行ったレストランでは、大きな暖炉に太いオリーブの薪が赤々と燃えていたのを憶えている。近辺のレストランやホテルにも、冬、パルナッソス山に来るスキー客のためだろう、オリーブの薪が多量に運び込まれていた。

前日見残したアテネ女神の聖域の細いでこぼこ道を回っている間に、小雨が落ちてきた。二人とも八十歳を過ぎていると見える老夫妻が、そろそろと注意しながら坂道を下りて来る。夫人のさしかける緑の傘が、二人の気品のある白い顔にとても似合っていた。

「こんにちは！」

高齢の方に先に声をかけられ、恐縮してしまう。

「こんにちは！　どちらから？」

「ドイツから。」

骨格から多分ドイツ人と判断していた私は少し嬉しくなる。彼は足を停めて振り返り、

「あなた達は歴史を御存じかな」

と外国人らしい判りやすい英語で、それも思いがけず艶のある大きな声で話しかけてきた。〝歴史ですって？　まさか《日独伊三国同盟》のことではないでしょうね〟と、昭和一桁生まれの我々は素早くひそひそ話。ところが彼は、何と、アレキサンダー大王が遠征に出る前に、この地に自らアポロンの神託を授かりに来た時のことをいかにも楽しそうに一くさり。おぼつかない足どりとは打って変わった力強い熱心な調子に驚いてしまった。

こんな足どりの老人は、日本だったら遠出はしないだろう。また、目的地まで来ても、小雨の中を車を降りて、でこぼこの坂道を歩いたりはしないだろう。彼は一期一会《いちごいちえ》の外国人と元気に言葉をかわし、互いに相手の良い旅を祈って別れた。多分青年の日に、そして壮年の日にいつもそうしてきたのだろう。これが彼等にとっての旅なのだと思えた。私達もいろいろな国からやって来た旅人と、いろいろな街角で、何でもない、けれど何となく心が和む立ち話がたくさん出来て楽しかった。

さて、帰路のこと。デルフィ―アテネ間は高速バスで約三時間かかる。約一時間東へ走り、二時間南下する。アテネに向かって南下し始めた時、南方の空が真っ黒なのに気が付

いた。やがてその雲の下に入ったと思ったら、窓外はたちまち、雨脚が太い白い筋に見えるどしゃ降り。バスは高速で走り続けるが、雨は一向に弱まらない。アテネの終着駅に着き、何とか家方面に行くバスに乗り込んだが、びしょ濡れの人々と荷物を載せた満員バスで気分が悪くなってしまった。でも、どしゃ降りの道に途中下車なんてとても出来ない。我慢に我慢を重ねて、見馴れたバス停まで。そこからは、晴れていれば約五分で登れる坂道である。しかし、水を全く吸い込まない排水の悪い石の坂道を、雨水が急流のように走っている。言葉の分からない国で、滑って骨折でもしたら一大事だ。まるで沢登りのように慎重に、喘ぎながらアパートに辿りついた。色々と不便もある古いアパートだったが、電気ですぐ沸く風呂があることが本当に有難く思えた。

もう一度は一九九五年の大晦日から翌元日にかけて、アテネでのことだった。びしょ濡れになったのに、「あれはすごかったなあ」などと楽しく思い出す。

Y御夫妻から手巻きずしと年越しそばのお誘いがあった。二月に帰国なさる御夫妻が、日頃から心にかけている日本からの留学生や研究者達にご馳走して下さるという。

アテネにも米と醤油はあるから、〝だしの素〟類を持参すると良いと教えられていた。円高になる前には日本の味噌やタクアン、時には梅干なども、アテネに数店あるアジア市場《エイシアンマーケット》で入手出来たそうだが、それらは皆、円高になるにつれ姿を消した。しかし、さすが中国。

どのアジア市場でも中華料理の材料は多種多様に品揃えしてあった。春雨、干し椎茸、生姜などを入手出来て、とても有難かった。醤油があれば心強い。だしの素と干し椎茸で汁を作り、滞ギリシア十二年の「バイブル」夫人に教えられて、極細スパゲッティを素麺と思い、幅広スパゲッティをきし麺と思って、寒い冬の夜などよく食べた。とてもおいしく、日本人の客にはなかなか好評だった。サモス産の甘いワインはみりんの代用になった。スーツケースに入れて持参した日高昆布は貴重品で、心して少しずつ使った。勿論おすそ分けはとても喜ばれた。

しかしY氏宅には、日本直送の正真正銘の老舗のそばや缶詰のそばつゆ、香り高い焼き海苔、それに、チューブ入りだけれど本わさびもあった。それは何十年という長い間、激務の外国生活を肉体的にも精神的にも無事乗り切るための、夫人の工夫と努力の賜物だった。六十年以上も日本に生きてきて知らなかった日本食品に、彼女の台所で初めて出会った。例えば缶詰の納豆、一口サイズに真空パックされたタクアン、水羊羹の素などである。

Y夫人のご親友が経営する日本料理店から仕入れた鮪。夫人自ら愛車を駆って中央市場まで行って選び、自ら捌いたスズキの刺身など。誰に気遣うこともなく、日本語で話しながら、久々にパリパリの海苔で巻く手巻き寿司、懐かしいつゆでいただく年越しそばに全員大満足。十二時になったら近くの丘に登って、夫人の用意して下さった爆竹を鳴らそうと、留学生の若者達は特に張り切っていた。

しかし夕方からあやしかった雲行きがいつの間にか小雨になり、十二時近くになって本降りになった。爆竹は諦め、自分の傘やお借りした傘をさしてお別れした。終夜運行のバス路線の人は駅に急ぎ、もうバスのない我々はタクシーを探してうろうろした。しかし、大晦日の十二時すぎで、雨とあっては、空車などあるわけがない。傘など何の役にも立たない程の烈しい降りになって、皆、覚悟を決めてそれぞれ歩き出した。まもなく、靴も靴下もパンタロンも、手袋までもビショビショになってしまった。

日本なら、雨が降ろうが雪が降ろうが除夜の鐘が鳴って、全国各地の初詣の実況がテレビで流れる時間かな、などとちらと思ったりしている間に、狭い道をお構いなく走るマイカーに遠慮なく跳ねをかけられた。バス停で五つくらいある暗いでこぼこ道を、びしょ濡れになって歩いて帰った元旦だった。

でも一同満腹で、とても楽しいお喋りの後だったせいか、それで風邪をひいたという噂は一つも聞こえてこなかった。勿論、あの夜の御馳走は私達にとって、アテネ滞在中最高の心のこもった日本食だった。

Y夫妻はボーイ付きの家を借りていらっしゃった。買い物は普段はボーイの仕事だそうである。ブリッジと運転、そして料理の大好きなY夫人は、私のような手ぬき主婦とは違う。御主人のお好きな和食はY夫人が作られた。転勤の度に色々な国へ持参した包丁一式を見せていただいた。その何年も使い込んだ包丁でスズキを捌く夫人のきりっとした姿は忘れられない。

「魚は駄目です。何もお手伝い出来ず恐縮です」

と台所から退散した私に、Y氏はゆったり笑って返された。

「家内は解剖学者の娘なのです。魚の解剖は得意なんですよ。」

アテネのどしゃ降りの雨の彼方に、異国で夢を追い努力を続ける若者達を優しく見守りながら悠然と暮らしてこられたY御夫妻のお顔を、宝物のように思い出す。

レスボスへ

古代の哲学者エピクロスが生まれたサモス島と、彼が初めて学園を開いたレスボス島を訪ねることが、相棒の長年の夢だった。アテネ暮らしが一段落すると真っ先に、前記二島と、その間にあるヒオス島も加え、一週間位で三島を回ってみることにした。

ヒオス島は、ドラクロワの『シオの虐殺』で広く世界に知られている上、蔵書が十万冊を超えるというコライス図書館や、十一世紀に建てられた僧院ネアモニもある。糸杉に囲まれたこの僧院はフレスコ画やモザイク画の宝庫で、ユネスコ世界遺産に登録されている。また住民の大部分が一八二二年にトルコ軍に虐殺され、無人となった四角い小さな石の家が丘を掩っている沈黙の地＝アナヴァトスにも行ってみたい。それに、大ホーマーはこのヒオス島で生まれたというが、彼が生徒を教えた大きな石が、ダスカロ・ペトラ（先生の石）と呼ばれてヒオス市の少し北の海辺に残っているというのは本当だろうか。

しかし、何よりも私の心を誘ったのはレスボス島だった。それはオルフェウスの島。冥界へ、死んだ妻エウリディケーを取り返しに降りて行き、もう少しで彼女を再び地上界に連れ出せる瞬間に振り返ってしまい、永遠に彼女を失ってしまった竪琴の名手オルフェウス。その後、彼は、竪琴一つを手に、果てしない悲しみの闇の中をさまよい続けた。

そこが日本のイザナギの命と決定的に違う点だと思う。そこに私は心惹かれてしまう。オルフェウスはトラキアの女達の誘いにのらず、彼女達に八つ裂きにされ、遺体は海に捨てられた。その遺体と竪琴が流れ着いたのがこのレスボス島で、島の人々はそれを手厚く葬った。そのためレスボス島はミューズ女神達（ゼウスとネモシュネの娘達、学問・芸術の神）に愛され、この島からアルカイオスやサッポー（サッフォーとも）のようなすぐれた詩人、音楽家、小説家が出たと伝えられている。

先ず航空券を買うため、手元の資料から選んだ三つの旅行社に電話をかけ、一番分かりやすく応対してくれたシンダグマ近くの旅行社に出掛けた。

アテネの中心シンダグマ——その第一級の角地に毛皮屋さんがある。店の前の石柱に「高級毛皮」と見事な漢字の看板が出ていて、通るたびに、そのなつかしい四文字を眺めていた。その日もその角を通ると、一人の女性が店の前に立っていて、「何かお困りのことはございませんか」と日本語で声をかけて下さった。しかし、毛皮には用がないと思い定めていた私達は、いい加減な挨拶を返して通り過ぎ、しばらく歩いてから急に、どの旅行社が良いか聞いてみた方がよいかもしれないと二人同時に思いつき、引き返した。

「それは勿論M社です。日本人の社長さんで、とても良い方。それに、日本語で細かいことも頼めますもの。私はここに三十四年住んでおりますH子です。ギリシアの苗字はとても長くて、皆様覚えられません。今後H子と呼んで下さいね。」

「三十四年ですか。過日偶然お目にかかったクレタ島のK子さんは、ギリシア正教に改宗後結婚されて十七年経つと伺って、ずい分長いと思っていましたが……。」

「もっと長い方がいらっしゃいます。三十六年のA子さん。彼女は現在、M社で働いています。お嬢さんも、もう大学を卒業して、M社に勤めていますよ。」

(九六年の夏、H子さんの毛皮店と漢字の看板は奥の方に移転した。)

日本語で頼めると聞いてぐっと気が楽になり、早速方向転換。H子さんの店から近いM社に向かった。

「レスボス島に空港あるのかなあ」

が、日本人で旅行社社長のH氏の第一声。書類を調べ、不審顔の私達に向かって、

「ある、ある。でも日本人は誰も行かないですよ。皆さん、クレタ、サントリニ、ミコノスやロドス島へ行きます。でも、どうしてレスボスへ?」

そこでお互いに自己紹介。H氏のことはガイドブックで読んだことがあった。その時私達は、彼は多分若い頃ギリシアに魅入られて居ついてしまったのだろうと想像していたが、それは違っていた。一九九一年、湾岸戦争のとき、各国企業のベイルート支社の多くが、

戦火を避けてアテネに移ってきた。彼はY社支社長として、この時初めてアテネに来た。そして戦争終結後、会社がその支社を引き揚げた時、彼はギリシアに残り、その時使っていたギリシア人社員と共にこの旅行社を始めたそうである。

H氏が日本式に淹れたコーヒーをご馳走になりながら、

「空港前には客引きタクシーなどいますから、十分気を付けて下さい。それに最近はシンダグマ周辺にスリが多くなって、日本人も被害に遭っていますから御用心。僕もこの前、すられてしまった。三千ドラクメスしか持ってなかったからよかったけれど」

等々、御注意をいただいた。

帰る日時を決めなくてよい旅なので、アテネからレスボス島のミティリニ空港までの片道切符を、一人一万六千ドラクメスで無事入手。翌日、北部エーゲ海へと旅立った。

Ⅱ

もてなしの島・レスボス島

Molyvos
モリヴォス
Petra
ペトラ
Kalloni
カローニ
Sigri
シグリ
Limonos
リモノス僧院
Kallonis Bay
カローニス湾
MYTILINI
ミティリニ
Eressos
エレソス
Polichnitos
ポリニトス

68

ホテルがない

快晴の十月二日、アテネから真昼のエーゲ海の島々を見下ろして飛び、午後三時近くミティリニ空港着。空港にあるものと信じていた案内所に人がいないので慌てる。開いているのはレンタカー、レンタバイク等の窓口ばかり。そして客引きどころか、明らかに客よりタクシーの台数が少ない。誰もいない空港にとり残されたら大変だと思って、急いで行列に加わった。

一人の男が、それぞれの客の行き先を訊《き》いて、まるで手品師のように上手に振り分け、タクシーに相乗りさせた。アメリカ人の大所帯が一つ、後に残されることになったが、電話で車を呼ぶ手配をしたらしく、にこにこ手を振って他の客を見送っていた。

手招きされついて行くと、私達には一台残っていた車の後部席をすすめてくれた。乗り込んでみると前席には、宝石の付いたターバンをし、大きな指輪をいくつもはめた、トルコのお大尽風の黒髪の男が、まるで自分の車に私達を乗せてやるといった顔付きでこちらを見つめていた。行列の客をさばいていた男がこのタクシーの運転手だった。ギリシアでは相乗りはごく普通のことで、その場合、それぞれの客が自分の乗った分の料金を払うのだから、私達は先客に恩を感じる必要はないのだ。

車が海岸に沿ってしばらく走ると、先客が運転手に何か言い、運転手は私達に重たい英語でそれを通訳した。

「案内所は閉まっているかもしれない。」

とにかく初めてのギリシアの旅だった。たとえ閉まっていたとしても、私達はその時、他の目標物を何一つ思い付かなかった。この旅の後ではぐっとギリシアに馴れ、ツーリストポリスまでとか、ＧＮＴＯ（ギリシア政府観光局）にお願いしますとか言えるようになった。運転手が英語が駄目な場合に備えて、相棒が前もって目的地をギリシア語ではっきり書いた紙を用意し、それを見せて運転手が「ネ《YES》」と言ったら値段の交渉も出来るようになったのだけれど。

外見で人間を判断するのは愚かなことと判ってはいるが、派手な装身具をたくさん付けた男との相乗りは、どうも落ち着かない。私達は、街に着いてすぐの案内所近くで下車してしまった。案内所は、トルコのお大尽風の男の言った通り、閉まっていた。仕方なく、先程の運転手が教えてくれた、市内のタクシー乗場に行ってみた。

「こんにちわ。日本から？」

大型車に寄りかかり客待ちしていたらしい大柄の運転手に声をかけられた。日焼けして黒に近い褐色の巻毛の下の額に大きな傷があるが、サングラスの奥にとても優しい目が輝いている。彼は若い頃船乗りで、横浜、神戸、長崎などに行った事があると流暢な英語で話す。日本は美しい。人は親切でとても良い国だ。車もすばらしいとほめてくれる。

彼にとって最近手に入れたブルーバードが世界一の車。ピカピカに磨いてあった。二十数年前は円安の時代。彼等の日本滞在はとても快適であったろう。初めての島の旅で、日本に行った事のある人に話しかけられ、嬉しくなってしまった。

「あなたの車で適当と思うホテルまで乗せて行って。」

疲れを覚え、気易く頼むと、彼は笑った。

「ホテルは自分で決めなくては。港沿いに五分も歩けばいくつもあるから。」

まるで先生が子供を諭すような口調で言う。

「大体、幾らくらい？」

「七千、八千、一万位で十分良いホテルがあるよ。」

歩いて五分では仕事にならない。案内所が閉まっていて困ったと言ったら、車に置いてあった島全体の地図をくれた。良い旅をと元気づけられ、温かい大きな手と握手をして別れた。

ところが、五分歩いても十分歩いても、ホテルがない。約二十分歩いて、遠くから港の突端にみえたB・Sという派手で大きなホテルまで来てしまった。何となく外国資本のホテルの感じである。私達は漠然と、この島の人が経営している、あまり大きくないホテルに泊まりたかった。その上、先程の運転手に聞いた値段よりずっと高く、日本人の足元をみて値段を言う感じで、やめてしまった。しかしその後、港から山の手の方に回ってみても、ホテルは一軒も見つからなかった。

翌日になって判ったのだが、広い道を隔てて建物の屋上を見上げれば、いやでも目につく大きな看板が出ていたのだった。私達は日本風に、道に沿った入口に「○○ホテル」と書いてある立派な玄関があるものと思い、一階を覗いて歩いた。カフェ、食堂、旅行社、みやげ物屋、様々な店が並んでいた。実はその一隅に細いホテルの階段があったり、エレベーターで上ると二階からホテルだったりするのだった。とにかくその日は、まだ日本の目線でしか物を見られなかった私達は、探しても探してもホテルを見つけることができなかった。

山の手で訊けば、ホテルは港の方だという。港で訊くと、大きなホテルは空港と街との間にあって、このあたりにはないという。日はどんどん暮れていき、不安になり、足も重い。

お茶でも飲もうと近寄って行ったカフェの呼び込みをしていた空色の目をした青年が、

「部屋ですか?」

と穏やかな声で聞いた。穏やかな声のギリシア人は、とても、とても珍しいとその時思った。ホテルと部屋の違いも考えず、イエスと答えていた。

「いい部屋があります。見てごらんなさい。」

あの婦人について行って、と彼の指差す方に、どこからか小柄の若い女性が鍵束を持って現われた。きりっと整った顔に、大きな茶色の目がいきいき輝き、弾むように歩いてゆく。それはツインベッドにシャワールームと洗面台、トイレが付いたごく普通の貸部屋。ドアに値段表と、保健所のAランクという証明書が貼ってあった。窓を開けると海は見えるけれど、外のカフェの音楽がうるさかった。

音楽は夜止むからと彼女は先手を打った。まるで可愛い悪魔とでも呼びたいようなきらきらした目でみつめながら、

「よかったら、五千ドラクメス。現金。前払い。」

歯切れのよさに釣り込まれるように即決。こんな殺風景な部屋でAランクなんて信じられないが、もう海の季節は終わり、安くしている。それに、全く分からないギリシア語のアナウンスを聞きながら、間違わないよう初めて国内線に乗り、軽くてもリュックを背負ったまま歩き回り、随分疲れていた。安全ならどんな部屋でもよい。休みたかった。

「音楽は十時頃には止むでしょうね」

と念のため言ってみた。彼女はちょっと笑った。そして五千ドラクメス札をジーンズのポケットに無造作につっ込んで、口笛を吹きながら去って行った。

あの頃はまだ、ギリシア人は朝三時頃まで踊り、翌日は八時から平気で働く人々だという事を全く知らなかった。しかしこれが、ギリシア滞在中たった一度、ホテルでなく貸部屋に泊まった貴重な経験となった。

74

美しいもてなし演出家

今になって思い出してみれば、その貸部屋は、ベッドは木製でがっしり造られていたし、毛布もなかなか良いものだった。しかし外のカフェの音楽が気になり眠れないでいると、この何の飾りもない実用一点張りの部屋がひどく侘しく思われた。遅くても十二時には終わるだろうと我慢していたダンスは、一時になっても、二時になっても、また同じ曲が繰り返される。話し声のあと車とバイクの走り去る音が聞こえ、静かになったのは午前三時半。

これではたまらない。どうしても信頼出来る情報を得なければと決心して、翌朝は朝食前に案内所へ行ってみた。昨日同様閉まっている。あちこち聞いて、やっと、この島のツーリストポリスに辿り着いた。B・Sホテルのすぐ裏手で、昨日、前を通ったのに、マークは全く目に入らなかった。明快な英語で応対してくれるポリスマンに色々尋ね、GNTO（政府観光局）がすぐ近くにあることが分かった。

ギリシア国旗を掲げたGNTOは考古学博物館のお隣。歴史を感じさせる立派な建物で、やはり昨夕前を通り、立ち止まってその建物を眺めたのに、表札を読まなかったのだ。

広い石段を登り、大きな扉を開けて入る。廊下の両側に扉を広く開け放った部屋が並ぶ。右手の部屋では数人が忙しそうに働いている。受付を探して左手をみると、中央の大きな机から堂々とした女性がすっと立ち、笑みをたたえて近づいて来て、大きな椅子をすすめ、

「私共、何かお手伝い出来ますでしょうか」

と優しい声で聞いてくれた。アテネではそれまでもその後も、ほほえむ公務員に一度も会ったことがない。昨日島についてから、空港でも市内でも案内所が閉まっていて困ったことを伝えると、私達の旅の日程と、この島のどこを見たいかと問われた。

レスボス島に三泊、それからヒオス島、サモス島を一週間位で回りたい。レスボスでは風光明媚のモリヴォスに泊まりたい。丘の上のビザンチン城塞や、斜面に点在する淡青色の家々、美しい浜辺や漁港が絵や版画になっている。島の北端だから朝日も夕日も見えるのではないかしら。それにここミティリニ市にある四つの博物館と美術館を回りたい。

彼女は勿論、多くの日本人がはるばるギリシア迄やってきて、アクロポリス見学とエーゲ海一日クルーズで帰ってしまうのを知っている。でもやはり、この島まで来ながら三泊という短さに驚いている。欧州人は島に来れば三週間から一ヶ月滞在するのが普通である。

「あと二泊。それは惜しい……。で、モリヴォスには今すぐ発ちますか。どこにタクシーを呼びますか。」

荷物は部屋に残したまま、朝食もとってないので、十二時に出発することにした。絶対に間違わないように、この建物の前から。

美術館回りには英語のライセンスを持つガイドを勧めてくれた。島のタクシーの呼び方も分からない私達は、喜んでお願いした。では少々お待ち下さいと言って、私達にレスボスの美しいパンフレットを手渡してくれた。アテネで入手したものと違い、一目でそれと判る異色の画家テオフィロスの絵が表紙に使われていた。

「マリーア！」

英語とは打って変わり、二階にまで響き渡る声。ところが返事は、三メートル程離れた隣の机から。白いシャツとジーンズでタイプに向かっていた若い女性が、豊かな長髪をゆらして、日焼けした顔を向けた。

はっとした。目を放せない。ギリシア生まれの世紀の歌姫、マリア・カラスそっくりの容姿だ。映画『王女メディア』で日本人もその美貌に接することが出来た彼女を目の前に見る感じ。今までにこやかに私達の話を聞いてくれた女性も美しい。全身から豊かな好意があふれ出ている感じ。ギリシアの国の色であるブルーのスーツも似合っていたが、古代の女神達の白いゆったりしたローブはもっと似合うだろうと思われた。

彼女はマリアにギリシア語で早口に命じ、二人は突然、機関銃を撃ち続ける勢いで電話をかけ始めた。ギリシア人はほとんど皆、大声だ。強烈な太陽の下では内緒話は干上がってしまうのかもしれない。お互いのやりとりもしながら、彼女達は手振り身振り入りで電話をかけては切り、またかけた。内容が分かったらどんなに面白いだろう。でも、一体ど

レスボス島の観光パンフレットには同島出身の画家・テオフィロスの絵が使われていた。

こに電話をかけているのかしら?

十分程たって、彼女は私達に、一枚の紙を広げて見せた。

一、十二時。この玄関前からモリヴォスにあるDホテルまでタクシー。八千ドラクメス。英語の分かる運転手を呼んである。(六十八キロメートル。帰りは無論空車になるから安い。私達が頼んだらもっと高いに違いない。)

二、見晴らしのよいDホテル。ツイン、朝食付、一万二千。(ここまではどこの旅行社でも手配してくれる。しかしその先の説明を聞いてびっくり。)

三、隣のペトラ村はとても美しいので、観光してほしい。岩の上の教会、旧い村のたたずまい、イコンの館を見学するため、夕方六時にキモン・C氏がホテルに迎えに行く。

(願ってもないこと。私の大好きなテオフィロスの絵で世界の人に知られるようになった崖の上の聖母マリア教会である。でもそんな遅い時間に見学なんて出来るのだろうか。念のため、案内料、タクシー代はどの位でしょうと聞いた。彼女は微笑して言った。「C氏は村の観光組合長です。勿論何も払う必要はありません。」)

四、八時半、クララホテルで夕食。C氏が車で案内する。食後はクララホテルのデミトリス・D氏が私達をDホテルに送りとどける。
五、翌日九時、英語の出来る運転手カローニス氏がホテルに迎えに行く。ミティリニ郊外のホテル・ロリエットまで、一万ドラクメス。
六、十時にホテル・ロリエット着。ダブル、朝食付、一万四千。
七、十時半、英語のガイド、ミス・フィリッツァがホテル・ロリエットへ迎えに行き、博物館を案内する。ガイド料一万。別にタクシー代が必要。

「ロリエットは市街から離れた美しい海辺にあり、昔の館を改修したもので、丸天井や壁には昔の絵が残っています。東洋の絵もあり、あなた達はきっと気に入るでしょう」と、彼女はいかにも楽しそうに説明した。

夢心地だった。何の不安もなく、彼女の筋書どおりに万事は運び、全く予期していなかった好意あふれる多くのギリシア人との出会いに恵まれた。予想の何倍もの豊かな旅になった。この幸運な初めての島の旅は私のギリシア観を大きく変え、以後の滞在をくつろいだものにした。

名刺をいただいて、彼女が「ギリシア政府観光局、北エーゲ海局長」カプラネリ女史と知った。入口に一番近い部屋に机を置き、気軽に立って来て声をかけ、椅子を勧めてくれた彼女が、何人もの部下をもつ局長さんだったことに驚く。

あの時、私達は、一枚の紹介状も持っていなかった。ふらりと入ってきた異国の旅人に、猛烈な勢いで、これ以上ないと思える手配をしてくれたことに、なおさら驚く。彼女にはサモス島の旅の折にも、またお世話になった。

いつの日か再会の機会に恵まれたら、ギリシア語でしっかりお礼を言いたいと夢みている。彼女に会ったのは一九九五年十月初め、ギリシアに着いて二十日と少し。まだギリシア語で「今日は」も言う自信がなかった頃だった。

「遊びたいの？」

モリヴォス港へと散歩に出掛け、オリーブ畑の中の一本道を帰ってきた時、大きな樹木に囲まれ、香《かぐわ》しい風が吹いているような空間にふと気が付いた。道から下りて近づいてみた。かなりの樹齢のオリーブとユーカリ、松等がとり囲んでいる小学校の広い校庭だった。道から遠い樹々の傍《そば》に、バスケットボールの白いバックボードと、遊んでいる数人の子供達が小さく見えた。真上から見守っていた秋の陽が西の海へと歩を進め、その後にもの柔らかな夕闇が太い幹の間からすべり込んできて、一面に広がり始めていた。

この国の人々は何世紀もの間、ユーカリの葉を煎じて風邪を治してきたという。ギリシア各地で、柳のお化けのような巨大なユーカリが、青空を背景に聳えているのをよく見かけた。またレスボス島には一千百万本のオリーブの木があり、実は良質で、この島を富ませている。時は秋。道端の木にも、はち切れそうに実った紫の果実がびっしりとついていた。

しかし、モリヴォスの丘を見上げるこの空間を囲んでいる樹々は全く特別で、それぞれの樹に精が住みつき、一切の悪しきもの達から子供達を守っているようだった。彼等の目が葉の繁みの奥で時々光るのが感じられた。

何て幸せな子供達だろう。近くのオリーブ畑では、乗ってきたロバを大きな木につないで、農夫が働いていた。先刻《さっき》、港で、漁を終えた小船から魚を買った男が、ゆっくりと丘を登って行ったのを思い返した。大気は清浄そのもの。こんな所で子育てが出来たら……などと思って子供達を眺めていると、彼等は遊びをやめ、校庭の半分位まで一かたまりになって走ってきた。そして一人が、私達に向かって英語で叫んだ。

「一緒に遊びたいの？」

全く予期していなかった。でも、とっさに大声で、

「そうだよ」

「一緒に遊びたいの？」と皆で誘ってくれたモリヴォスの小学生達。
ボールを持っているのが英語の好きな四年生のコーチョス坊や。

と答えながら、半白髪の相棒は走って行き、ボールを受け取って仲間入りした。私は大喜びで皆の写真を撮った。暗さが少々気になったけれど……。

先程誘ってくれた子は四年生で、学校は大好きだという威勢良い返事。

「どこで英語を習っているの？」

「ここだよ」

と、自分の立っている地面を指した。この学校で習っているということらしい。

「家はどこなの？」

「ここだよ」

と同じ地面を指す。年長らしい子達が黙って静かに見守っているのに、臆せずどんどん英語で話すので、もしかしたら先生の子供で、校舎続きの官舎にでも住んでいるのかもしれないと思った。近くに家は見当たらない。私は木造校舎の方を振り返った。

するとと私の思い違いを察したかのように、彼の小さな手が私の手をつかみ、十メートル程引っ張って行った。そこは急に展望が開け、モリヴォスの丘が半身を見せていた。頂上は中世の大きな灰色の城塞が水平に空を切っている。それに続くなだらかな斜面を、淡色の家々と緑の木が彩っている。彼は斜面の中程を指して、

「あそこに白いパラソルが見えるでしょう」

と言った。他の家々ではもうパラソルを畳んでしまったらしく、一つだけ大きな白いパラソルがベランダに開いていた。

「あれが僕の家。」

なるほど。彼の「ここだよ」は「モリヴォスだよ」という意味だった。

首都アテネでも、北の都テッサロニキでも、エーゲ海に浮かぶサントリニ島でも、イオニア海のコルフ島でも、子供も青年もバスケットボールに熱中していた。夏でも冬でも、校庭で、広場で、小さな公園の片隅で、時には木の幹や教会の壁にまでバスケットを取り付けて、日が落ち、あたりが見えなくなるまで練習していた。私達も時間の許す限り、立ち止まって眺めていた。時々、

「ナイス・シュート」

と声をかけたり、拍手したりしながら。

見られていることを意識して固くなったり、得意になって派手に動き回る子もいた。でも走り寄ってきて「一緒に遊びたいの?」と皆で誘ってくれたのは、あのモリヴォスの子供達だけだった。

樹の精達に守られて育つ少年達の写真は、大切な大切な宝である。

鬼門

「ペトラ村をご案内するために、キモン・シオテ……がホテルにお迎えに伺います」と言われた時、やはり姓を全部は覚えられなかった。しかし幸いなことに、キモンという音は「鬼門」という漢字にパッと姿をかえて、間違いなく私の頭に定着した。元来、トムとかジョウとか親しく名を呼ぶのが苦手な私は、今まではミスター・ホウムズとかミセス・メイヤーと多少の距離を感じる姓で呼ぶのが性《しょう》に合っていた。ところが姓がとても長い人の多いギリシアへ来て、事情は一変した。あのアリストテレス・ソクラテス・オナシス氏程でなくても、長い姓はとても一度では覚えられない。覚えても使いにくい。たとえば仲良しのパン屋の奥さんの場合、焼たてパンを買おうと行列して、やっと順番がきた時に、「今日は、ミセス・アナグノストプールー。御機嫌いかが?」

なんて言ってはいられない。老若男女みんなニックネームで呼び合い、会話は世界中で一番(?)豊かに、時には過剰に、流れ続けている。私達もいつの間にか郷に入り、郷に従っていた。

約束の十分前に初老の紳士がホテルに現われた。

「どうぞよろしく、キモン。」

頭の中で漢字転換してあったので、初対面の人の名を、初めて自信をもって呼ぶことが出来た。彼は、もし夕陽が見たいなら、今すぐ出掛けなければ間に合わないからと、GNTOから電話一本で案内を頼まれた日本人旅行者のため、隣村から十分早く来てくれたのだった。山道を無理して走って登ってでも夕陽を見たい相棒は大喜び。すぐに車に乗り込んだ。

「もう城を見ましたか?」

「いいえ。途中までしか行けませんでした。」

遠くに聳えて見える丘の頂上の城塞である。歩いて往復するのではとても時間が足りないと諦めていた。

「では、行きましょう。」

他所者《よそ》には発見出来なかった石を敷き詰めた道、幾世紀も人に踏まれ続けた道が丘を巻くように出来ていて、車なら十分足らずで頂上へ着く。

中世のゴツゴツした砦の、風化しかけた石壁の前に立った。城門は古代、中世の歴史を秘めてしっかり閉ざされていた。振り返れば息をのむエーゲ海の落日。人間の興亡一切を見てきた天空が夕べの藤色の衣をまとい、やさしい憩いの調べを低く響かせている。もう眩しさを失った黄金の球が、赤紫の雲に上下を幾重にも守られて、自由に翔《はばた》く風と音を交《か》わしながら水平線上に漂う雲の中に落ちてゆく。こんなに古い島の古い砦の前で妙なる日没の歌に身を委ねるなんて、生涯に二度とないだろう。私はよろめいて、城壁に両手で触れた。すると壁の中から低い声がした。

「あ～あ、六百五十年目なのだよ。毎日毎日、同じ落日の曲を聞くのがね。」

そうだった。十四世紀に強大なビザンティン帝国の将に手直しされてから、ずっとこの丘の頂で、昼も夜も海風に晒《さら》されてきた砦。一年の半分は雨が降らない島で、くる日もくる日も陽に焼かれ、毎夕赤紫の雲に沈む落日を見続けてきた壁。

足下の方でもっと低い声がした。

「俺は同じ曲を聞き続けて二千七百年だ。」

この島が一番栄えたのは前七世紀。アテネが主導権を握る二百年程前のことである。ここに残る城壁の一番下の石達が見下ろしていた海こそ、東西交通の要路だったのだ。

モリヴォス港へと車を飛ばす。橙と紅《くれない》の雲の手中に落ちたかと思えた夕陽が、ちょっと歩みを止めて私達を待っていてくれたかのように、秋の北エーゲ海の西の水平線上に、小さな黄金の全身を現わした。足下に広がる文字通りぶどう酒色の海。さざなみを立て夕風と踊り続けていたぶどう酒色の海が、雲の気まぐれに応じて刻々と色を変えながら、やがて港に並ぶ小舟の黒々とした影の中へ踊り収めてゆく。絵や写真を見て憧れていたモリヴォスの城塞と港の夕焼けは、期待をはるかに超えた、忘れられないすばらしいものだった。そしてこれらは、ほんの十分前に出会ったキモンのプレゼントだった。

淡い月が出ている。いよいよペトラ村へ向かう。車が走り出すとキモンは言った。

「僕は日本に親友がいる。雑誌V、知っているでしょう。その編集長のM。彼は毎年のようにレスボスに来る。《レスボス・ヒオス特集号》を出した時には、夫人もカメラマンも僕のホテルにずっと泊まっていた。」

レスボスなんて日本人は誰も行きませんと、アテネの旅行社で言われたことを思い出した。アテネ空港で乗り換え、アテネの街に入らずに、日本から直接この島に来る人達はいるのだ。キモンは、車に積んであった立派な雑誌Vを見せてくれた。残念ながら私達の知らない大型誌だった。日本の刊行物の多さはギリシアの人にはとても想像出来ないだろうと思う。私達は事情を上手に説明出来ず、「その雑誌を知らない」と言うのが気がひけた。

ふと気が付くとペトラ(石)村の、あの教会の前に来ていた。日本でも神社、寺院など石段をうんざりする程登らなくてはならない高い所に造られる。けれど、この巨大な軍艦のようなペトラはどうも変わっている。このあたりは一面、海に近い平らなオリーブ畑である。そこに、巨人神が巨大な岩を両手でドカンと置いたように、空と海を背景に一つだけ大岩が立っている。その岩の上、村で一番天に近い所に、人々は教会を建てた。

細い急な石段は百段とのこと。膝の弱い私が、下りは大丈夫だろうかと見上げていると、

「ゆっくり登れば大丈夫ですよ。ほら、鎖はしっかり作ってあるから」

と、キモンは自分の体重を石段横の鎖にかけてみせた。三十段程登った所にテラスがあり、近くに、強風に傾いた老松が一本、姿の良い枝を伸ばして月光を浴びている。ふと、遠い日本の城址で「荒城の月」を見上げている気分になった。

「この近くに美しい老松が三本あったのだが、二本は風に奪われてしまった」

とキモンが説明してくれる。その跡らしい所に一メートル程の若松が育っていた。村人達は一段一段この石段を刻み、木材を一本一本、大きな石を一つずつ崖の上に運び上げて、自分達の聖母マリア教会を造り、守り続けてきたのだ。でも老人の多いギリシアのこと、この急な階段の昇降は大変だと思う。

「今でも、日曜日にはこの教会が使われるのでしょうか。」

「勿論、毎日曜日、村人は全部この教会に集まります。」

キモンが祭壇前の電灯をつけた。内部は街の中の教会と同じように、天井画も、イコンも、調度品も立派に備わっていた。一年中涸れない井戸があり、その聖水で彼は私達を祝福してくれた。電灯があるのは、夜、祈りを捧げるため、あの石段を登ってくる村人が居

るということだろうか。灯を消して回廊に出ると、月明かりで村全体が手にとるように見下ろせた。

現在の四倍もの人口で栄えていたペトラ村は、第二次世界大戦中ドイツ軍に破壊され、占領されたという。この平和そのものに見える島が……。戦後、生き残った村人は半数以上が外国へ去り、今、目にする家々は空家が多いという。村に残った親戚の人達が、その空家を観光客のための貸部屋にしているそうだ。

「村にホテルはたくさんある。しかし欧州からの観光客は皆、安い貸部屋に泊まり、ホテルはガラガラだ。」

秋の夜、静かに眠る家々を見渡しながら、そう語る観光組合長は淋しそうだった。

夜が深くなり月光が冴え渡る。一段一段下り、先程のテラスまで来た。日曜ごとに孫や若い人に支えられてゆっくり登る黒衣の婦人達が目に見えるようだ。松に別れを告げ、頂《いただき》の聖母に心を残しながら道まで下ると、対面《トイメン》に門が閉ざされた大きな教会があった。

「え？　ここにも教会があるの？」

「これは冬の教会です。冬は石段が凍って登れないから、冬の間は麓《ふもと》の教会で礼拝するのです。」

国民の九十五パーセントがギリシア正教徒の国である。地方程、信仰心は深いらしい。

夜空を仰いでいたキモンが、さりげない調子で言った。

「お隣のヒオス島も素晴らしいよ。十月はまだ船便があるし、行ってみたらどう?」

勿論私達は行ってみたかったし、すでにミティリニ市の観光案内所で船の時間を調べてあった。そして今回は諦めていた。

「無理です。一日一便の船はミティリニ港を夕方六時に出て、夜十時にヒオス港着。当然案内所は閉まっています。そんな遅い時間に着いて、誰一人知らない島で、一体どうやってホテルを探せますか。」

「何でもないよ、そんなこと。」

彼は少しおかしそうにゆったりと言う。

「僕はヒオスに友人がいる。本当に行くのなら、ホテルを予約し、船の着く時間に港まで迎えに出てくれるように電話するだけでいいんだ。」

彼の声には、〝ギリシア人はもてなしの良い民族だ〟と自他ともに認めている誇りが感じられた。彼の好意のおかげで、私達はあのホーマーの島、魅力に充ちた島ヒオスに向かって船出することになった。

海賊顔の人

キモンが夕食に誘ってくれた。彼自身、ホテルのオーナーだ。自分のホテル、特に日本の親友が宿泊した部屋を見せたかったのだろう。しかし夕食はカプラネリ女史がクララホテルに予約してあるので、とても心苦しかったけれどお断りした。キモンは同じペトラ村のクララホテルまで、分かりにくい暗い道を、快く送ってくれた。

ホテルの食堂の受付に座っている男を見て驚いた。『ピーターパン』のフック船長そっくりなのだ。私が子供の時から恐ろしい海賊の代表と思っていた男。黒い変な帽子はかぶっていなかったが、黒々と太い眉、奥深く窪んだ眼、鋭い高い鼻。急に不安になった。これは用心しなければならない。初めどんな挨拶を交わしたか、全く覚えていない。

席に案内されて見回すと、家族連れが二、三組、ワインを飲みながら楽しそうに話している。至極普通の村のホテルのようだ。フック船長が注文を聞きに来た。

「ワイン？　赤の小瓶をいただきたいのですけど。」

「では僕が適当なのを選びましょう。」

何だか少し戸惑っているような声だった。サラダは種類がたくさんある。ポテトサラダ、

グリークサラダ、クラブサラダ、ナスのサラダ……迷っていると又、

「僕が適当に選びましょう」

と言ってくれる。そしてメイン・ディッシュ。これは色々説明された気もするが、一番無難に思えるスブラキとビーフステーキにした。

モリヴォスは有名な漁港である。食いしん坊の私達が、本日のおすすめの魚は何ですかとか、今一番おいしいサラダはタコ、イカ、カニ、エビのどれでしょうなど、何一つ訊かなかったのは、余程、フック船長に油断してはならないと自分に繰り返していたからだろう。

本当に長い一日だった。朝のカプラネリやマリアとの全く予期しなかった幸運な出会い。それからミティリニ—モリヴォスの八十六キロのドライブ。初めて見るオリーブ林が行けども行けども続き、急に見事な松林になる。運転手はまだ十代と思える若者で、大好きだというギリシア民謡のテープをかけ、風に髪をなびかせ、センターラインの上を時速百キロ以上で平気で飛ばして行く。対向車は滅多にないからいいけれど……。

「一緒に遊びたいの？」

と聞いてくれた少年達との出会い。キモンの好意で間に合ったモリヴォス港の落日。赤紫の空と海はいつまでも目に残っていた。それからペトラ村のまるで空に浮かんでいるよう

な大岩の上の教会。テオフィロスの画集で見ていた不思議な教会。その教会に自分の足で、冴えた月光を浴びながら百段の石段を登って詣でることが出来た夢のような本当のこと。信じられない程恵まれた一日に感謝してあげた祝盃の透明な赤ワインは、心に泌みておいしかった。残念なことに、ラベルを読む余裕がなかったけれど。

滑らかなクリームチーズであえたポテトサラダ、新鮮そのもののグリークサラダ、真っ白なザジーキ（ヨーグルトできゅうり、にんにくのみじん切りをあえたもの）、小エビのサラダ。丁度よい量を盛った四皿。自分で注文したら二皿しか味わえなかったろう。以後各地でサラダを食べたが、クララホテルのサラダが最高だったと思う。素材も味加減も。半分柱の陰になっている受付のフック船長の方を、私は気付かれないように盗み見た。すると、あの太い眉の奥の目が、一種不安の表情を浮かべて私達の卓の上に注がれていた。

スブラキもステーキも淡泊な味で嬉しかった。串に刺して強火で焼き、油を落としてしまうためだと思う。さすがにカプラネリ女史がわざわざ予約してくれただけの事があった。私は二度、三度とフック船長を盗み見て、その度に、彼が休みなく全体の卓に気を配り、また私達の卓の様子もしっかり目に入れているのを知った。冷酷無比のフック船長なんて警戒したのは、どこの誰だったかしら？

食堂の二階は客室らしく、くつろいだ服装で階段を下りてきて卓につく家族もいたし、九時をすぎると横の方のドアから入ってくる馴染み客もいて、満席。いつの間にか楽しげな話し声があふれていた。人けの感じられなかった村のどこから、これだけ人々が集まってくるのか分からなかった。評判の店なのだと思う。肉を半分食べ、もう満腹と思った途端に船長がやってきた。

「料理は気に入りましたか？　もっと何か他の料理をお持ちしましょうか？」

「とてもおいしくいただきました。もう満腹でこれ以上いただけません。」

うなずいて他の卓へ向かう時の満足気な表情が忘れられない。

「デザートに致します。」

きびきびしたボーイがさっとやってきて、思い切り良く卓上を片付けた。

細身のモスグリーンのブドウのおいしかったこと。一粒残さずいただき、皿の上には皮と種が山と残った。他の卓では枝しか残っていない。片付けにきたふくよかな女性に日本人のブドウの食べ方の言い訳をして、やっとフック船長の呪いが解け、大声で笑い合った。

「支払いはＶＩＳＡカードでよいでしょうか」

と船長さんに聞いてみたら、ちょっと呆れた顔で見返されてしまった。

「ここは僕のホテル。僕のもてなし。」

このホテルなら、朝食もさぞおいしいだろう。二階に泊まり、朝、パンの焼ける香りで下りて来て、海だけを見て過ごす一週間が私たちの人生にあってもよいのではないか……との想いが胸中をかすめるが、現実は今日の午後、八十六キロの道をやってきて、明日の朝また同じ道を帰り、その日のうちに博物館、美術館を回る約束をしている私達だ。

「島のシーズンは終わり。この週末でホテルを閉めるから、良い時に来てくれた」

と、食後ホテルまで送ってくれた車中でキモンが言った時、

「いつ開けるのですか?」

と思わず聞いていた。再訪して、クララホテルにもキモンの所にも泊まりたい。日曜日の朝、村人達と一緒にあの教会の石段を登ってゆく自分の姿が見えるような気がする。

「その年の気温にもよるけど、五月の十日頃かな。」

日本の東北の宿と大体同じだなと思った。緯度も秋田、盛岡あたりなのだ。

こんなに多くの星を見るのは何て久しぶりのことだろう。古代の島人達の頭上には、はるかに多くの星が輝き、星座の動物達は手の届く友達だったのだろう。島の静かな秋の夜道を走る車の中で、やっと打ちとけた彼は、私達がアテネに滞在していると聞いて苦笑いしながら言い放った。

「アテネ!? あの汚い都市! あんな所で生きる人間は頭がどうかしている。」

島には年に五ヶ月間しか仕事がなく、貧しくても、排気ガスの中で暮らすよりはるかに

人間的なのだ。

数年前、たった一度だけ日本の観光団がこの島にやって来た事があった。彼等がクララホテルに泊まったかどうか知らないが、船長は言った。

「日本人と欧州人の違いはネ、欧州人は酒を飲み、喋り、食事をして眠る。日本人は酒を飲み、喋り、食事をして、その後、動きに動き回る。」

多分日本の観光団はぎっしりと日程が詰まっていて、夕食後に岩山の教会の見学などしたのではないだろうか。列を作って……。

「ジャパニーズ　ピープル　ムーヴ　アンド　ムーヴ」

と言った時の、どうにも分からないよという調子が、彼を思い出すたびに甦ってくる。

Dホテルの花々の咲き乱れた前庭を、月光が皓々《こうこう》と照らしていた。あたりのあまりの静けさに、何となく声をひそめて、

「ごちそうさまでした」

と握手をして別れたが、名刺をもらい忘れ、礼状も書けずじまいだった。帰国してから、カプラネリ女史の下さった十月三日のメモをやっと探し出し、船長の名前が判った。

ミスター・デミトリス・ドレコルタス。彼はこの夏も、自分のホテルの食堂で、静かにワインを選んでいることだろう。黒い瞳を輝かせながら。

いつか再び

十月四日朝、約束の時間に、タクシー運転手カローニス氏が、二十二キロ離れたカローニ村からモリヴォスまで迎えに来てくれた。途中、ペトラ村のキモンの事務所に寄り、家族に紹介されたりお喋りもしたのに、予定通り十時に、ミティリニ市の中心から南へ四キロ外れたヴァリアのロリエット・ホテルに着いた。同じ八十六キロでも、昨日の若者の小型車とは違い、温厚そのものの紳士の運転するベンツでの移動は実に楽だった。

彼の英語も穏やかで判りやすい。新しいベンツの乗り心地をほめると、

「私の父はトヨタ・クラウンを愛用しています。とてもすばらしい車で、二十年近く使っていますが一度も故障がありません」

と答えた。本当かしら。昨日は初対面の男にブルーバードをほめられた。島々では日本車はとても評判が良く、日本の自動車会社にお礼を言いたい気持ちに何度もなった。日本にいる時はアメリカとの激しい経済摩擦の記事ばかり読んでいたのに。

彼はビーチの美しいカローニ湾のこと、レスボス島のオリーブは極上質で、一キロの値段が他所《よそ》のものよりずっと高いこと（具体的数値で説明してくれたのに、忘れてしまった）な

ど、静かに話してくれた。この緑豊かな島に住んでいる人々が、自分達の島を誇りに思っていることがよく分かった。

いつか再びこの島に来ることが出来たら、相棒が望んでいたリモノス僧院と、私が心惹かれているシグリに、カローニス氏の車で連れて行ってもらいたいと思う。

リモノス僧院は彼の村カローニから西へほんの五キロの地にあり、十六世紀のフレスコ画や四百五十冊もの手書きの本を含む図書館、民族芸術美術館がある。その上、全国的に僧院はさびれる一方なのに、ここでは四十人の修道士が居住し、社会活動や教育活動のため島内をくまなく動き回っている、と、一九九三年に出版されたミシュランのガイドブックに書いてある。彼等の活動の様子をカプラネリ女史に確かめてみればよかった、と後悔している。

シグリには我々の想像をこえる化石の森が広範囲に広がっているという。数百万年前のもので、火山灰の下に埋まっていたものが、浸食作用によって姿を現わしたそうである。化石の森はサッポーの誕生の地とされている西海岸エレソスの近くにある。そこにはどんな風が吹いているのであろうか。

梨亜奈

ミティリニ近郊ヴァリアのロリエット・ホテルは、話に聞いた通り、明治初期の大きな洋館を思わせるレンガ造りの建物だった。重い扉を押して入ってみると、誰もいなくて、静まり返っている。正面の壁に立派な舞扇が飾ってあるのが目につき、近寄ってみると、松竹梅に二羽の鶴が遊ぶ図で、日付も「甲子……」と記されていたから、間違いなく日本のものだ。その下の漢詩を書いた屏風は中国のものらしい。大磯あたりの知人の別荘を訪ねた感じである。この感じこそ、カプラネリ女史が私達に勧めて下さった理由に違いない。まだ十時だけれど荷物を預け、ガイドが来るまでロビーで待たせてもらおうと、フロント・デスクのベルを押した。

すらりとした若い女性が現われた。

「今夜予約してありますが、チェックインは何時でしょう」

と当たり前のことを尋ねた。するとさもおかしそうな顔で、

「いつでも、お好きな時にどうぞ」

と若々しい声が返ってきた。オーナーにしては若すぎるけれど、自信にみちている。まる

で、私のホテルは堅苦しいキマリなんて必要ないのよ、と笑っている感じだった。

「あなた達の部屋は七番です」

と、さっと鍵を渡してくれた。天井画のある旧館は現在、フロントとロビー、それにグリルだけに使い、食堂、客室は改装中。宿泊は全部、少し奥まった新館で、という事だった。チェックインのカードを書き込んでいる相棒の手元を見ていた彼女が質問した。

「日本語って、いくつ音があるの?」

「五十音だけど、どうして?」

「だって、あなたの名前の中に同じ音がないから、本当に驚きだわ。」

ギリシアへ来て以来、またその後十ヶ月間、何度となくチェックインのカードを書き込んだけれど、こんな質問は彼女だけだった。おかげで私達も、日本語の五十音はギリシア語や英語の約二倍なのだと改めて意識したものだった。

彼女の父はレスボス出身のギリシア人で、母はオーストラリア人。高校までメルボルンで育ち、英国式の英語を話す。二つの国籍、二つの母国語をもつ彼女は言語に対して敏感で、その上あらゆることに好奇心をもっているようだった。

丁度GNTOから、ガイドが十五分遅れると電話が入り、その後でガイド本人から、都合で三十分遅れると電話があった。他に客のない時間だった。彼女の問いに答え、カタカナ、ひらがな、漢字の説明をして私達の名前を三通りに書いてみせた。
「漢字って幾つあるの?」

と聞かれ、えーっと……と二人で顔を見合わせ、必死で思い出そうと焦った。考えてみたこともなかった。こんな大切な事を。

「たしか、新字源の親字が約一万だったかなあ。」

「そうそう……たしか常用漢字が千九百……。」

彼女は即答がないのが不思議らしかった。

「約一万よ。」

「まあ、そんなに……。」

今度は彼女が卒倒しそうになる。でも、日常生活で使う漢字は約千九百字……そして小学校で習うのは約千字、とあわてて付け加える。自分で言いながら驚いてしまう。日本語――日本に生まれて育ちながら自然に覚える言葉――は何て豊かなものなのだろうと。そして私達が、あの難しいへブライ語を読み書きする人々に底知れぬ力を感じて尊敬してしまうように、彼女が、三種類の文字の混じった文を日常使い、小学校でたくさんの漢字を覚える日本人を深く尊敬する様子がありありと見えた。

彼女のいきいきした反応が面白くて、先に目にしていた舞扇に描かれている松竹梅の日本における特別の意味や、鶴は千年、亀は万年生きると言われ、鶴亀は長寿のシンボルであり、祝いの飾り物に使われることなど説明し、メモ用紙で鶴を折ってみせた。（以後の旅には必ず千代紙を持参し、行く先々のホテルで日本の折り紙を紹介した。）

彼女の名前をリアナ、りあな、梨亜奈と書いてあげると一生大切にすると喜んでくれた。

新館は青い空の下に真っ白に仕上っていた。白い椅子のある白い広場を囲むように、ロッジ式に部屋がある。白いドアを開けると、居間と寝室。その奥に、窓から陽光が差し込んでいるキッチン、そして大きなバスタブのあるバスルーム。バスルームにも窓があって嬉しい。開けてみると、隣家のオリーブ畑の中を強そうな鶏がコッコ、コッコと何羽も走り回っている。その向こうに、古代から生えていますという感じの葦が刈り残されていて、遠く波立つ青い海が見えるのどかさ。台所では調理も出来、冷蔵庫には果物やジュースも用意してある。イギリス式に好きな時にお茶が飲めるホテルは、ギリシアでは初めてで、大満足だった。

翌朝は又、当たり前のことを聞いた。

「チェックアウトは何時かしら？」

「いつでも、都合のよろしい時にどうぞ。」

そしてきらきらした瞳が笑みを含みつけ加えた。

「ヒオス行きの船は六時発でしょう。港まで六分だから、十分前にタクシーを呼べば十分間に合います。どうぞ、ごゆっくり。」

大分地理も分かったミティリニ市の探訪を続け、三時頃ホテルに帰ると、彼女はプールサイドで犬と遊んでいた。改装中の部屋を見たいかと聞くので、喜んで案内してもらった。彼女達が購入した時には、この館は床が落ちるほど傷んでいたという。彼女のアイディアで、一つ一つすばらしく個性的な部屋に変身中だった。正面玄関の真上は、海に向かって大きく開かれたスイートルーム。どっしりした調度品や大きいジャグジィバスがすでに備え付けられていた。以前書斎だった部屋には大きな作り付けの木の机や書棚があり、丸窓から海が見える。落ち着いて本が読めそうで、ゆるりと滞在してみたい部屋。庭の片隅にあったパン焼き小屋も、昔の大きなかまどを台所の中心に残し、ユニークなコテージに仕上がりつつあった。私達が面白がると彼女は大喜び。疲れを知らない若い力が、湧き出るアイディアを現実の姿、形に作り上げてゆく。その過程を見せてもらって感心するばかりだった。

「母はギリシアが好きではないし、ホテルの仕事も好きではない。でも、カーテンやベッドカバーなど縫うのは大好きで、どの部屋のものも全部彼女の手作りです。」

一部屋ずつ微妙に違う、リバティ風の淡い上品な色づかいの布が使われていた。冬までに完成するから、ぜひ好きな部屋に泊まって下さいと言う。

「多分、高すぎて泊まれない」

と正直に言うと、彼女は笑って答える。

「ノー・プロブレム。私が丁度良い値段に決めますから。アテネから飛行機に乗れば、たった一時間じゃない。金曜に電話して、土、日と泊まって帰ればいい。いつでもどうぞ。」

「いつでもって言っても、先日は眼科医学会で満室だったたって言ったでしょ。」

「ノー・プロブレム。その時はシングルの医者を二人一緒の部屋に入れて、一室空けてあげるから。」

これで三人は又、大笑いとなった。メルボルンとレスボスを往復している彼女にとってアテネとレスボスなんて散歩の距離らしかった。

出航の三十分前に車を呼んでもらい、フロントへ行くと、彼女の姿はなかった。奥からきちんと背広を着たハンサムな紳士が出てきて、

「私がリアナの父です」

と勢いよく手を差し出した。ずっと以前からの知人に会った時のような握手だった。日焼けした顔に、リアナと同じ大きな明るい茶色の目が輝いている。

「まあ、ずい分お若いお父様」——思わず実感が口に出てしまった。

そこに彼女がいないので、私達は安心して彼女の創造力、実行力をほめ上げた。

「リアナは一体おいくつなの？」

「二十三になりました。」

「あんなに有能な娘さんを持って、あなたは本当にお幸せですね。」

心底そう思って言った。彼は運ばせた冷たいオレンジジュースを手渡してくれながら、

「若い父親の方はどうでしょうか」

と聞いたので、大笑いになった。

彼の父はミティリニ市、母は昨日案内してもらったペトラ村の出身。彼はミティリニの高校を出るとすぐ、ギリシアの島々の多くの若者と同様に島を出た。メルボルンのホテルで修業、現在もその仕事を続けながら、同時に故郷のレスボス島で娘とホテル作りも進めているのだという。車が来るまでの短い時間だったが、歓談出来て楽しかった。

考えてみると、朝十時から翌日夕方五時半まで、結局三十時間以上もゆっくり寛《くつろ》がせてもらい、ジュースも御馳走になって一泊分の料金だった。勿論、冷蔵庫のチェックなどという事もなかった。

Ⅲ

ヒオス島

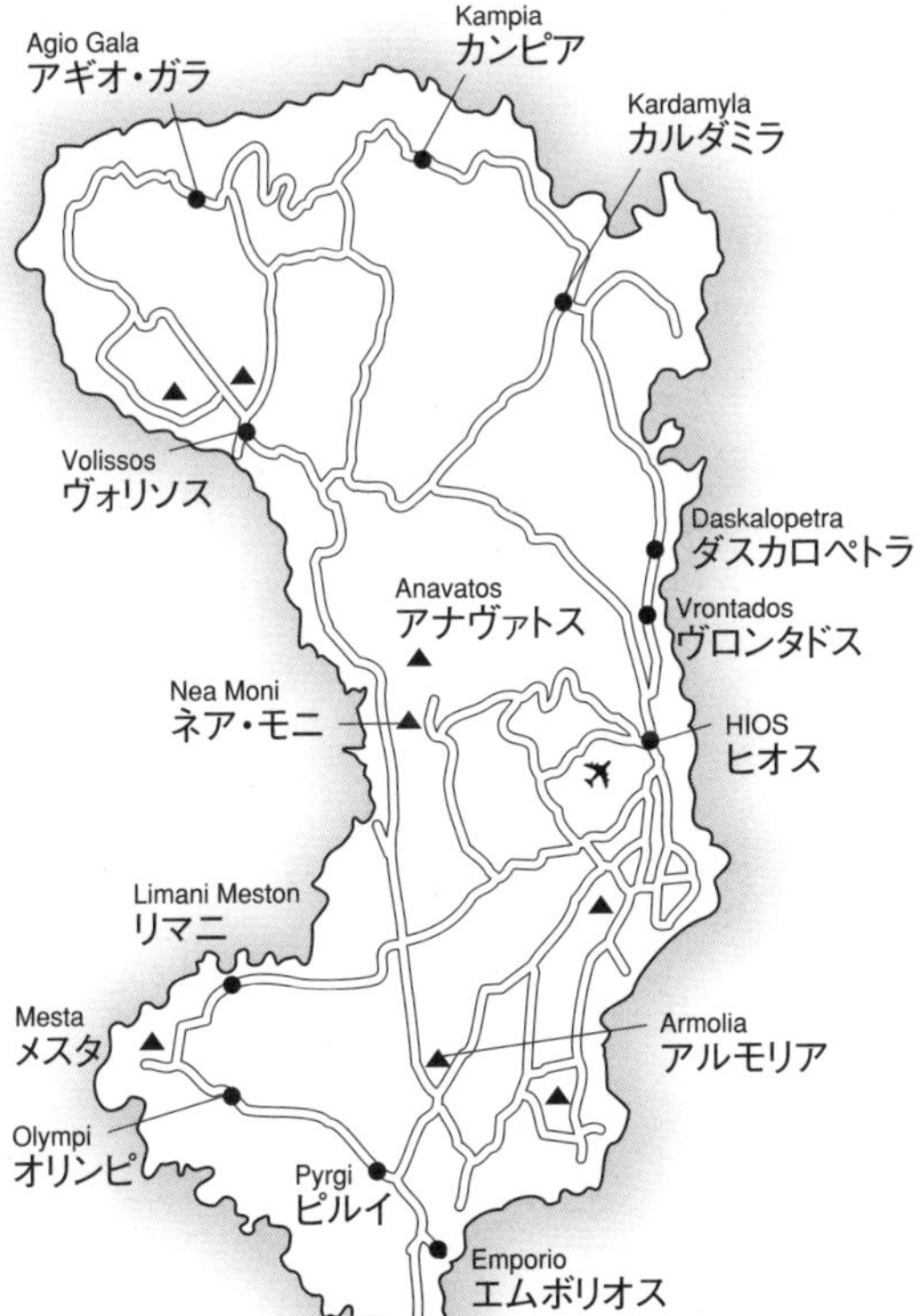
Agio Gala
アギオ・ガラ
Kampia
カンピア
Kardamyla
カルダミラ
Volissos
ヴォリソス
Daskalopetra
ダスカロペトラ
Anavatos
アナヴァトス
Vrontados
ヴロンタドス
Nea Moni
ネア・モニ
HIOS
ヒオス
Limani Meston
リマニ
Mesta
メスタ
Armolia
アルモリア
Olympi
オリンピ
Pyrgi
ピルイ
Emporio
エムポリオス

108

ヒオス島のアンナ

茜色の落日に見送られてミティリニ港を六時に出航。地図を見ればすぐ隣の島なのに、星空の下を相当の速度で進んで四時間。海の広さを身に沁みて感じた。予定通り夜十時、ヒオス港に着岸。出迎えの人々の中に名前を書いた横板を掲げている人が四人いて、ペトラ村のキモンが手配してくれた通り、私達の名札もすぐ見つかった。

五十代と思われるキモンがマイ・フレンドと言ったので、同年輩の男性を予想していた私達は目を見張った。薄暗い夜の船着場に、若々しい長身、金髪の美女が立っていた。細かくカールした豊かな金髪が肩にかかっている。「ようこそ」と柔らかな声と温かい握手でお出迎え。

「ホテルは予約ずみ、タクシーも待たせてあります。」

行列しているタクシー乗場から離れた所に確保してある車に向かって歩きながら、ヒオス全島の大きな地図と政府の観光案内、それに表紙に赤いチューリップが一本パッと目を引く彼女の旅行社のパンフレットを手渡してくれる。

「もし必要があれば、明日事務所に電話を下さい。」

運転手に行き先を確認し、握手をしてスマートに立ち去る。タクシーが走り出してから、私達がこの島で必要としているものが全部揃っていることに改めて気付く。おかげで無事、港のはずれの、沢山の外人観光客で混雑している大きなホテルに、十時半前にチェックイン出来た。夜は急激に気温が下がり、寒い。港沿いの街路樹が折れそうな強風が吹いていた。

翌日、パンフレットをもらったチューリップパ・トラベルのアンナの事務所を訪ねた。そこには彼女一人。昼の光の中で碧い眼は一層明るく輝き、女の私でも見とれる程の美しさ。すっきりと片付いた大きな仕事机の上に五歳位の男の子の写真があり、私の問いに、

「ええ、私の息子です」

と、とろけそうな目で写真を見る。何という無防備な目だろう。この数日、島の旅で出会った美女達は、都会と違って険がなく、温かい感じ。エーゲ海の光と風のせいだろうか。

「ジュースとコーヒーと、どちらがお望み?」

とアンナは先ず尋ね、私達の答えに応じてコーヒーを淹れてくれた。用件を聞く前に先ずお茶を出す日本と同じだなと、楽しくなる。ギリシアと日本、遠く離れた国なのに、不思議に似た所が多いのだ。

カプラネリ女史の勧めてくれた観光スポットと、私達が以前から希望していた数ヶ所を

一日観光するため、英語の出来るタクシー運転手を探してもらうのが私達の頼みだった。彼女はゆっくりとコーヒーを飲んでから、素早く目的地を地図で確認し、約七時間の行程と暗算して、電話をかけ始めた。

「今電話した男は高すぎる。ちょっと待って。」

初めての経験で値段の見当さえつかない私達は、すべておまかせである。時々私達に、

「二万ドラクメス以下でないとね……」

など短い英語を挟んでくれ、また早口のギリシア語で表情豊かに電話をかけ続ける。

壁のポスターを読むふりをしながら、長い歴史と風土が作り上げたこの見事な動く彫刻を嘆賞せずにはいられない。現代のヴィーナスは働き者なのだと感心して、すっかり幸福な気分になっていた。

彼女がＯＫのサインを出してしばらくして、濃い髭を生やした、サンダル履きの、熊のような男がのっそりと店に出現。アンナは条件を確認して、「バハス氏」と紹介してくれた。初対面でニコリともしない恐ろし気な彼との一日は、驚くほど充実したものだった。立ち寄った町のこと、島民の生活、彼の家庭のことなど、飾らずに話してくれた。彼の英語が判りやすかったこともあり、この十ヶ月の滞在期間中に出会った最高のガイドだった。

アンナは前夜遅く出迎えてくれ、バハス氏を探し出してくれたのに、礼金を取らなかっ

た。クリスマスに私達は、この旅でお世話になったカプラネリ、キモン、アンナ達に、心からの感謝をこめてカードと日本の小物を送った。送り返されなかったから多分届いたと思う。

いつの日か再びヒオス島に飛び、ヒオス港に近い彼女の事務所を訪ねることが出来たら……と想いを馳せる。多分ヒオスは、ジェノヴァ人が十四世紀に造った古城塞の壁も、ヴェネツィア軍が十七世紀に再建した主城門も、その近くにある薄暗い部屋——一八二二年に町の七十人の名士がトルコ軍により絞首刑に処される前に幽閉されていた、私達がそっとのぞいたあの部屋——も、時の流れを忘れたように同じ姿を保っているだろう。彼女の事務所あたりの道幅も変わっていないだろう。

ヒオス島の「チューリッパ・トラベル」のアンナの事務所。アンナとバハス氏と一緒に。

そして一層美しく成熟したアンナはゆったりと私達を迎え、

「あれは一九九五年だったわね」

と言いながら、又、ゆっくりとコーヒーを淹《い》れてくれるだろう。机の上には生き生きと輝く瞳の少年少女三人か四人の写真が飾ってあるだろう。

ババス氏とピルイへ

ヒオス島の東海岸はトルコの目と鼻の先だ。ヒオス市から、その東海岸沿いの道路を数キロ北上すれば、大ホーマーの生誕地で、彼が生徒を教える時、机として使ったと語り継がれている大きな石がある。ダスカロ・ペトラ（先生の石）と今でも地図に書いてある。その石に手を触れて一気に古代を感じたいけれど、今日は縦長のヒオス島の南部にある古い町々を真っ先に訪ねよう。次に島の中央部の、ユネスコの世界文化遺産に登録されているネア・モニ修道院へ行こう。十一世紀に建立された八角形の教会が糸杉並木に守られている姿を見たい。修道院から北へ数キロの岩尾根の上に、幻影のように残る部落＝アナヴァトス――そこが一番私達の心を惹いていた。今日はそこまで廻れるだろう。

先ずヒオス市の南三十八キロにあるエムボリオス《黒小石浜》へ向かう。昨夜来の強風のせいかすばらしい青空。でも、「今日はいい天気で幸運だね」とか、「仕事で来たの？ それとも休暇？」「この島に何泊するの」など、この髭男は一切訊かなかった。ギリシアにも無口な男がいないわけではないのだと、少し感心して窓外を眺めている。一本道を黙々と南下していた車は、道が二股に分かれている所で停まった。

「この少し先で、女性が窯を作って焼き物をしている。僕も行ったことがないのですが、テレビで紹介してました。寄ってみますか。」

ちゃんと車を停め、こちらを向いてゆっくり話す。この運転手さん、のっそりした感じだがなかなか慎重なのだ。古代イオニアのデザインのものを多く焼いていると聞いて、寄ることにした。青空の下に一つ、むき出しの赤土の丘が見えた。あの土なら、素焼きでも明るい壺が出来るだろう。

今回は移動の多い旅だから陶器は絶対に買わないと、焼き物大好き人間の私は公言していた。しかし、レズボス島からヒオス島に渡って初めてのこの旅で、早くも禁を破り、紅茶茶碗を二つ買ってしまった。アテネに居る間使って、置いてゆけばいいさと、相棒が軽く言ってくれた。この大ぶりの茶碗の内側と受皿は紫がかった青色で、なぜか一目で惹かれてしまった。外側は鍋島吹墨のような地に青紫と薄茶で単純な線模様の渋い仕上がり。この窯を取り仕切っている日本の肝っ玉母さん風の女性が作ったそうである。

結局持ち帰ったこの二つの茶碗が、エーゲ海の島旅で自分のために求めたたった一つの思い出の品となった。遠く離れた日本で使ってみると、茶碗の内側の青紫がまるでエーゲ海の深みを汲み取ってきたように思え、なつかしい。その青紫の中から、紀元前四九三年のペルシア人の略奪により隆盛が終わり、地中海貿易の要所にあるため各国の侵略が繰り返されたヒオス島の長い長い歴史、それでも変わらない青い空と海と赤土、そして今その島でゆったりと、しかも堅実に暮らす人々の顔が次々浮かんでくる。

白砂の浜辺が多い中で、エムボリオスだけが碁石のような丸い黒い小石の浜だという。小石が丸くなるのには、何千年も烈しい波に打たれ続けたのだろう。今日は波一つない。水晶のように透明な海に手を入れる。夏は人が集う浜も十月に入って人けがなく、無垢の海も空も広々とほしいままだけど、工事のクレーン車が一台、遠くで不似合いな音を立てて動いていた。この島には大金持ちの船主達がいて、その一人が一番眺望の良い所に別荘を建築中と、バハス氏の情報。外国資本でないのが救いかもしれない。

いよいよ海を離れ、六キロ程内陸部にあるピルイへ向かう。私にとっては、不思議なカップルのいる、お伽噺の町のようなピルイ。本当にあの二人に会えるのだろうか。《すでに城壁はなくなってしまったが、今なお中世的雰囲気を残す乳香樹の村》とガイドブックに書いてある。連なる家々が城壁になっているようだ。

車を降り、家と家の間の小路を通って街に入る。乳香樹による富と幾何学模様がどう繋がるのか判らない。とにかく、白と薄墨または白と薄茶の三角形、正方形、菱形、円等、様々の幾何学模様で、小さな家々の壁も、教会の塔も、カフェの床も、天井も彩色されている。中世から、いやそれ以前から使われ続けているらしい狭いでこぼこ道に所々屋根があり、そこにもこの装飾。この壁の中にはどんな人がどんな暮らしをしているのかしら。薄暗い小路をバハス氏の後について行くと突然、道の向こう側に大きな壁があった。道に面した家の一面が白と灰色の小さな三角形で縁取られた大きな画面になっている。中央に灰色のつる草模様に囲まれた灰色のドアが二つ並び、それぞれのドアにピルイの民族衣装を着たあの若いカップルの壁画が、引き締まった晴れやかな顔で、まっすぐに私達の方を見て立っていた。ずっと前から会いたかった二人に会えて、夢心地。何十年、何百年もの間、どうしてそこに立っているのか、聞くのも忘れてしまった。バハス氏ならきっと正しく答えてくれたろうに。

ヒオス島のこの地域以外、世界中どこにも育たない乳香樹。「この樹は涙を流し贈物をくれる」と書いてある。この涙（樹脂）で作る甘いガムが中世の支配者トルコの女官達のお気に召したそうである。今でも年間二百トンから三百トン収穫されている。しかし人口千二百と書いてあるこの町を歩き回って、一人の若者にも会わなかった。出会ったのは小道の日溜りで収穫した「木の涙」を篩《ふるい》にかけていた老人達と猫だけ。

でも、見上げた二階の窓から、あの白と灰色の三角、四角、円でパッチワークのように華やかに彩色された壁の前に、日本の干し柿のすだれと全く同じように、真っ赤なトマトが紐に通して吊ってあった。たしかに、このユニークな壁を背景にした、トマトすだれの鮮烈な赤が印象的な絵葉書をアテネの街角で見た記憶がある。バハス氏によると干しトマトは冬のスープ用との事。このあたり、街に人声一つしないが、冬中トマトスープを飲む人はいるわけだ。乳香樹は老人にまかせ、若者達は世界の海へ乗り出しているのだろうか。留守は壁画のカップルが守っているのか。これもバハス氏に尋ねてみればよかったと悔やまれる。

　街並の一角、細長い三階建ての建物の前でバハス氏は立ち止った。勿論全面、薄茶と白の幾何学模様できれいに装飾されていて、入口が両隣よりぐんと洒落《しゃれ》ている。その入口の上に掲げられた大きな木枠に入った案内板を彼は指し示した。コロンブスの顔とギリシア語の説明。私には読めなかったが、「コロンブスがあの有名な大航海に出

ピルイの壁画のカップル

る前に、優れた乗組員を求めてヒオス島にやってきて、このホテルに泊まった」と書いてあるそうだ。昔からヒオスの男は世界一の船乗りと世間に認められていて、事実この地出身の船乗りがコロンブスに同行したそうだ。初めて聞く話だった。紀元前に古代ギリシア語で書かれた本が現在でも多くの国で読まれているのだから、十五、六世紀の記述は正確なものだろう。見上げていると、窓からひょいと大航海時代の威勢のよい船乗りが顔を出しそうな気もした。

もう一つの中世都市メスタに向かう。車は乳香樹の栽培地に沿ってしばらく走る。高さ二メートル位、みかんより濃い緑の葉が繁り、陽に輝いていた。彼は車を降りた。「葉に触ってごらん。この樹は、この地

ピルイのスグラフィートによる幾何学的装飾壁にとてもよく映える乾燥トマト。日本の干柿そっくり。

方以外、世界中のどこにも育たない。」

得意そうに言う彼に、私は疑わしい顔を向けた。ＧＮＴＯの女性も、たしかにそう言っていたけれど……。彼は少しこわい顔で見返すと、尖った石で樹皮に傷つけてみるように言った。ひどくごつごつ、ざらざらした幹である。本当に久しぶりに、先生の言う通り理科の実験をする小学生の気分だった。そっと傷つけると、その樹は他所者《よそ》の私達にも涙を三粒くれた。透明で温かい涙だった。

黒衣の女《ひと》

ピルイの西十二キロにある中世城塞都市メスタへ、野中の一本道を走る。前後に車など全く見えないと思っていたら、登山支度の男がどこからか突然現われ、杖を振り上げて車を止めた。オリムピへ行く道を確かめている。ギリシア人か外国人か、何語で話していたか判らなかったが、楽しそうな顔で、木陰のない真昼の日照りの道を、汗をふきふき歩み去った。オリムピにも中世城塞都市が残っているという。旅人か学者か。人けのない島のかんかん照りの丘陵を《我が道を行く》たった一人の後姿が印象に残っている。

人口四百のメスタ。防備を施した家々が隙間なく並んだ五角形の城壁が残っている。GNTOが保存に力を入れていると聞いた。車を降り東の城門を潜《くぐ》って入ると、でこぼこ石の細い通路。バハス氏の後をついて行く。パカパカと音が近付いてきた。どこからか、枯木の枝の束を抱えるようにして、黒衣の女がロバに乗りこちらへ向かってやって来る。かなり速足だ。カメラを取り出す前に暗い路地に消えてしまった。

所々に背を丸めなければ通れない小さな入口のある、壁と壁に挟まれた迷路のような道をなお行くと、急に明るい広場に出た。小さなテーブルと椅子が幾組か置いてある広場に面して、高い塔のある大きな教会があった。その横にカフェの入口。高い木の根元のベンチで、ドイツ人観光客が四、五人、コーヒーを飲んでいた。私達と逆方向に回っているらしい。バハス氏はカフェから出てきた老人と何か話していたが、どこかへ去り、やがて教会の鍵を借りて来て開けてくれた。村人が順番に鍵を預かる日本の山里の観音堂と同じだ。

城壁に囲まれ、細い高い木のまばらな葉越しに透《す》けて見える青空も、洞穴のようなカフェから白いぶかぶかの服を着てギリシアコーヒーを運んで来る男も、風の香りも、壁の外とは異質の世界ではないだろうか。一八二二年のヒオス島民大虐殺の時も、この町は濃霧の底にでも沈んでいて、トルコ軍が見逃したのではなかろうか。ハバス氏に聞いてみればよかった！

時計は十二時を回っていた。この町の人は何を食べているのかしらとカフェ入口のメニューを見に行くと、バハス氏は驚いて、港で食事にしましょうと言いにきた。西海岸は風光明媚とあったし、料理は港の方がおいしいだろう。そしてどこの国でも、一番おいしい店を知っているのは運転手さんだ。バハス氏には勿論、楽しい心積もりがあった。

別の門を通って車へ戻ろうと、また壁の間の細道を行く。人の通る道の上に、窓から窓へ紐を渡して洗濯物を干している黒衣の女に会った。彼女の身につけているもの、頭にかぶっているスカーフ、靴下から靴まで黒なのはよく目にする姿だが、干している下着類がすべて黒いのには驚いた。

アテネでも、老若を問わず夏冬を問わず、黒を着ている人が断然多い。次が赤だろうか。彫りの深いギリシア人の顔に黒はよく似合うと思っていた。洗濯物を見上げて私は言った。

「ギリシアの人って本当に黒が好きなのね。」

「彼女達は喪服を着ているのです。夫を亡くしたから。」

「え……。」

海の事故などで早く未亡人になる人は多いだろう。しかしアテネでは離婚、再婚の話をよく聞いた。ギリシアは母系社会で、結婚する時、新居となる家は女性側が用意する。女性の家族と同居する事も珍しくない。だから離婚の時、男は家を出て行けばよい。女性は家があるから、慰謝料無しでも生きていけるとか……。未亡人になり、息子が結婚したので、住んでいたアテネの高級住宅を貸し、ポルトガルのボーイフレンドの所へ行ってしまった女性がいた。その家を借りた日本人の奥様と、呑気でいいわねなんて噂したことなど思い出す。

「喪服は何年間着るのですか?」

「一生、死ぬまで。」

バハス氏は即座にきっぱり言った。何でそんな明白なことを聞くのかという風に。でも

私もめげずに続ける。日本での離婚急増の実情を伝えてから、

「アテネでも、離婚する人や再婚する人が最近とても多いと聞きましたけど……。」

いつも堂々と胸を張っている彼が、これだけは低い声で、悲しそうに言った。

「その通り、本当に残念なことだ。世の中は変わってゆく。」

ギリシア人は黒が好きだと単純に思っていた私は、ここで認識を改める事が出来て本当に良かった。日本人は仏壇の前で亡き人を偲ぶことが多い。ギリシア人は違う。とにかく、寒くなければ戸外に出る。背が曲がって歩くのが困難な人でも、杖にすがる足の悪い人でも。黒衣に身を包み、公園のベンチや、アパートの入口の横に椅子を並べ、一人でも数人でも、黙って座り、夕日を浴びている。日が沈んだ後でも風に当たっている。あれは亡き人と会話をしているのかもしれない。毎朝黒衣を身に着ける度に偲んでいるのかもしれない。

チーフ・オフィサーの先見の明

畑や林の中に、一本すらりと伸びた糸杉や、何百年も強い雨風に耐え人間の歴史を見つめてきたオリーブの老木が、ゴツゴツこぶだらけの枝を四方に張っているのが目につく。

「あれは地境なのかしら。」

「そうです。」

レスボスには一千百万本ものオリーブがあると聞いていた。ヒオス島にもオリーブの林は多い。日本で梅や桃、柿、ゆず、すだち等が生活にとても大切な木であるように、ギリシア人の生活にオリーブ、オレンジ、レモンは欠かせない。

「こんなに沢山オリーブの林があるけど、木の所有者って決まっているのですか。」

以前から疑問に思っていたことを聞いてみた。

「一本残らず所有者が決まっています。」

なるほど。車の窓から見える所だけでも、四百年以上生きてきたのではないかと思われる老木が大切に手入れされているのが分かる。由緒ある大切な樹なのだろう。日本では戦後、国産木材の需要が減り、荒れたまま放置されている山林が多いことを思い出して溜息が出た。

「僕は三十本持っている。家族四人の一年分として充分です。妻と二人で収穫します。」

オリーブの実の漬物は、日本の梅干や梅漬のようにギリシア人の必需品。日本の漬物のように、彼等が食事のたびに食べるグリークサラダにも欠かせない。その上、一年分の食用油がとれる。彼等はオリーブオイルはギリシア人の健康、長寿の源と堅く信じている。石鹸の原料にもなる。彼の話しぶりから察すると、三十本は世襲のものではなく、少しずつ入手したものらしい。確かめてはみなかったが……。

西海岸の港リマニを通過して十キロ以上北上したろうか、左折して海辺に下りる。ミシュランの地図にも書いてない小さな入江に食堂《タベルナ》が二軒並び、シーズンオフの十月だから片方は閉まっていた。店先から、小さな青い波が静かに遊んでいる砂浜まで、白いテーブルと椅子が並んでいる。木蔭の席に先客が三組いた。男が店の奥から飛んで来て客を迎え、注文を取り、給仕をする。もしかしたら奥で調理もしているかもしれない、とにかく元気一杯働きまくっているその男は、早口で、とびきり上手に英語を話す。彼と挨拶を交わして、バハス氏の顔は急に和《なご》む。船の仲間で通信士だったと私達に紹介した。

「彼の奥さんは高校の先生だ。」

島で高校の先生はとても尊敬される職業らしい。珍しく、質問される前に重要事項として教えてくれた。

「では、あなたは船で何をしていたのですか。」

「チーフ・オフィサー。」

この時彼は一瞬姿勢を正し、とても誇らし気だった。日本へも、東南アジアの島々へも、中国、台湾にも行ったことがある。日本は横浜、神戸、佐世保、室蘭……、中国は……と地名を言う。約二十年も前に船と別れて結婚し、それ以後は外国へ行ってないのに……。

「あなたは記憶力がいいのですね。」

「そうです。僕はとても記憶力がいい」

と彼は自信をもって断言した。そして卓上の水のボトル《ネロ》をじっと見て、

「水《みず》、コップ、パン、一、二、三、四、五……」

一語一語はっきりした日本語で、二十まで正しく数えてみせた。

「きのう、きょう、あした。日曜、月曜、火曜……」

七曜全部、間違わなかった。私達が感心したので、満足そう。私の方は、やっと百まで覚えたギリシア語を帰国したらひと月で忘れてしまう自信がある。彼は二十年も使わないのに、しっかり覚えている。中国語も同じように覚えているに違いない。島の静かな日常の中で、これらの単語は時々、青春の思い出と共に彼の意識に浮かび上がってくるのだろ

う。

皿の上でチリチリ音をたてている小魚のフライやイカのリング揚げ等、若者は走って運んでくる。タコのサラダに肉の串焼き《スブラキ》。頼まなくても半切りにしたレモンを大鉢一杯持って来て、どの料理にもレモン汁を存分にかけて食べる。店先の入江で地元の漁師から買った魚を注文を聞いてから調理するのだから、最高の味。そして安かった。おいしいと喜ぶ私達を案内人は、当然という顔で、しかし嬉しそうに見ていた。

バハス氏はコーラ一本とビーフステーキしか食べなかった。ギリシアではビーフは勿論羊より安いし、脂肪が少ない。妻と娘二人の家庭で、女三人は極度に美容に心を砕いているので、朝はヨーグルトしか食べないそうだ。ずん胴の彼は今、堂々としたバストとウエスト、ヒップがほとんど同じサイズで、危険な状態なのだ。ギリシアの中年男性は腹がベルトから垂れ下がるように出ている人が多いのだ。女達の手前、彼の朝食はコーヒー一杯とサラダだけというが、あの香り高い焼きたてのパンを食べられないなんて、本当にお気の毒。昼もこれで充分で、夜も節食しているそうだ。

魚は新鮮で安く、果物も野菜もできる島で、主たる調味料のオリーブとレモンが自家栽培の上、家族四人とも小食。それでは食費はあまりかかりませんねと冷やかすと、彼は真面目な顔で、教育費が大変だと言った。

「どうして？　ギリシアの教育って……無料《ただ》でしょう？」

この国では小学校から大学、大学院まで、すべて教育は国費で行なわれていると聞いていた。ギリシアの若夫婦が三人も四人も子供を産み、可愛がって育てている、経済大国の日本よりずっと余裕をもって育てているように見えるのは、このすばらしい制度のためではないかと思っていた。日本の医学部はとてもお金がかかる。どうしても医者になりたい日本の青年が、あの難しいギリシア語を勉強して、ギリシアの大学の医学部に入学、親の援助なしに卒業して、遂に医者になったという話も聞いていた。バハス氏は続けた。

「下の娘は今高校生で、先生になりたくて大学へ行きたい。それで家庭教師についている。上の娘は大学生だが、島の塾に通っていた。家庭教師とか塾はとても高いから大変だ。」

この国では私立大学はまだ認可されてなくて、大学の数が少ないので入試はとても難しいと聞いてはいた。アテネのアパートの近くにも塾がいくつかあって、夕方子供達が集まっていた。でも、島にまで受験塾があるとは知らなかった。

上の娘さんがアテネ大学に行っていると聞いて驚いた。アテネの進んでいる高校からでも、入るのは難しい。とても入れないのでアメリカやイギリスの大学に入学させている家庭が多い。第二次世界大戦前はフランスで学んだ人が多かったそうだ。入試の難しさは日本の東大のようなものらしい。彼女は父親に似て記憶力抜群なのだろう。

「娘さんは寮に入っているのでしょう?」

アテネ大学の日本人留学生が、ギリシアの学生は室料も食費も全く無料なのに、自分達外国人は食費を払わなければならないと言っていたのを思い出して、聞いてみた。

「いや、家から通っています。僕は将来、娘達の教育のために必要と思い、早くから大学の近くに家を買っておきました。」

小さい家ですが、と少しはにかんで付け加えたが、何という手回しのよさだろう。そして、アテネ大学の近くに買うとは、何という自信だろう。

結婚するため船乗りをやめて陸に上がる。それから船員年金(これは船乗りの多いギリシアでは三十代から受け取れるらしい)で終日のんびり、カフェで友人達と遊んで暮らす男達をアテネでたくさん見かけた。北の方の港町でもそういう男達が多いと聞き、ギリシアの男は怠け者ときめこむ人もいる。しかしどこの国も同じ。のんびりが好きな人もいれば働き好きでじっとしていられない人もいる。日本の猛烈社員も足元にも及ばないほど働く男達を身近で何人か目にした。

バハス氏も勿論、タクシー運転手をしているのは教育費のためばかりではないと思う。観光客の少ないこの島に暮らしていても、少しでも多くの人と会い、青春時代に自分の目で見た世界、今ではテレビの画面で毎日報道される世界の動きを、自分のアンテナで直接感じ取ろうとしているのではないだろうか。代々信仰を守り、島に生きてきたギリシア人の家庭。その父親中心の堅実な生き方を彼を通して知ることが出来て、この日は本当に幸運だったと思う。

羊飼いの道

地図を見ると、アナヴァトスへ行く道は東海岸のヒオス市から西へ向かう一本しかない。島の南西部の食事をした海岸から、一度ヒオス市に引き返してから行く他はないと、アンナにもらった案内書にも書いてあった。しかし幸いなことに、最近、西部から直接中央部のアナヴァトスに車で行ける道が通じたのだとバハス氏は言った。

無論舗装などしていない、見渡す限り人のいない野原の中の一本道を走り出してしばらくすると、遠くに何か塊のようなものが動くのが見えた。やがてそれは、毛をゆさゆさゆらしながらこちらへ向かって来る羊の群れと判明する。勿論車は止まって、横を通り抜けていただくしかない。この道は何千年もの間、羊と人の道だったのだから、新参者の車がよけるのは当たり前のことだ。

競うように、まるで折り重なるように、羊達はかなりの速度で近づいてくる。写真を撮ろうかなと思う間もなく、通り過ぎてしまった。ずっと後ろから、牧羊犬を連れたスマートな羊飼いが二人、話をしながら悠然と歩いてきた。ギリシアでは、こんなスマートな成人男子は珍しい気がした。彼等は足を止めて運転席のバハス氏と挨拶を交わし、にこやかに情報交換しているらしかった。羊達は通い馴れた道らしく、どんどん遠ざかってしまったが、犬達はじっとご主人達の会話に耳を傾けていて、その様子が面白かった。この国では犬も話好きなのかもしれない。

　彼等は親しみを込めて手を振り、歩み去った。車が再び走り出すと、彼は静かに話し出した。予想外のやさしい声で……。

「僕が子供の頃、父は羊を二百頭ばかり飼っていて、小さい頃はよく羊を追って歩きました。」

　そんな日々が彼の肉体と意志を鍛えたに違いない。そしてやがて、ヒオスの男らしく海へ出て、才能と努力でチーフ・オフィサーまでのぼっていったのだろう。少年の日に彼が羊を追って歩いたかもしれない曠《こう》

羊飼い。言葉は解らないがとても礼儀正しく話しているように思えた。

野《や》の中の道を車は進み、アナヴァトスに向かって少しずつ丘を登り始めた。タベルナを出発したのは三時頃だったろうか。もう秋の陽は傾いてきていた。

134 アナヴァトスからネア・モニへ

初めてアナヴァトスの写真を見た時の驚きは忘れられない。ギリシアのどの時代の、どの地方のものとも異質の景色に思えた。どこまでも広い青空と岩山の間の廃墟、いや廃墟の蜃気楼かと思った。岩の斜面に人が十人程住めるくらいの灰色で長方形の大きな石の箱が雑然と造られ、一時期使われ、それから何世紀もうち捨てられたまま崩壊しかけているように見えた。等間隔に並ぶ小さな明かりとりの四角い穴（銃眼かもしれない）が、まるで異星人の巨大な四角い顔の小さな眼のようで、気味が悪い。十五、六世紀に東欧、中東、北アフリカに及ぶ広大な帝国を築いたオスマン・トルコが、ヒオス島西海岸防衛のため造ったものだという。

現在、ゴーストタウンかと思ったら、何かの案内書に住民八名と書いてあり、驚いたことを覚えている。九三年版の『ミシュラン』（ヨーロッパのレストラン・旅行案内書）には住民十五名とある。崩れ始めた石の集落に一握りの人が暮らしていると思うだけで凄みを感じる。水はどうして手に入れるのか。ヒオス市まで二十五キロの道を、ロバに乗って買い出しに行くのだろうか。

左右に、半ば地面に埋まりかけた廃屋、または陣屋を見ながら、一本の細道を登って行くと、下から見上げた時には全く想像も出来なかった石を敷き詰めた広場があった。黒衣の老人達が数人、石の広場の石のベンチに無言で座り、かすかな夕日を浴びていた。この老人達が住人なのだろうか。まだギリシアに来てひと月足らずだったので、

「カリスペラ　サス（今晩は）」

と、気楽に声をかけることも出来なかった。もうひと月後だったら、単語を並べて、

「どこに住んでいるのですか？」

と、勇気を出して聞いてみただろうに。

相棒の指差す方を見ると、石壁にまぎれ込んでいる扉の横に拳《こぶし》の通るほどの穴がいかにも雑にあけてあり、電線が引き込んであった。もしかしたら中には、電灯ばかりでなくテレビもあるのかもしれない。つっかけサンダルのバハス氏は住人には全く関心を示さず、低木もなくなった岩の丘をどんどん登って行く。膝に不安のある私は下りる時のことを考え、ためらいながら後に続く。もう十月……おいしい草一本残っていないこの道に、まるで黒く光る木の実をばらまいたように、羊の糞がどこまでも続いているのが不思議だった。この丘育ちの羊達は眺望を楽しみに登って来るのだろうか。

急に尾根に出て、反対側が見下ろせた。まるで火口のような急峻な崖だった。

「一八二二年、トルコ軍が攻め寄せて来た時、この部落の男は戦って死に、女子供は皆、この崖から身を投げて死んだのです。」

ドラクロワの有名な絵『シオ（ヒオス島）の虐殺』の続きの場面なのだ。

ここを見せるために、彼はまっすぐ登って来たのだった。一八二二年、この崖から赤児を抱きしめ飛び下りたギリシアの母達と、一九四四年のサイパン島玉砕の時、五十メートルの断崖から次々と海へ飛び込んだと伝えられている千人もの日本の婦女子、そして一九四五年の沖縄戦で自決を強いられたその何十倍もの母子の姿が幾重にも重なり合い、茫然と立ちつくしてしまった。何を思い出したかをバハス氏に説明したかったが、声も出なかった。

「数年前、脳性麻痺の幼児を抱いて高校の女教師がここから投身自殺しました」

と、彼は痛々しそうに付け加えた。

一八二二年のトルコ軍による大虐殺の話は二度目だった。さらに、その後九ヶ月の間に何度もあちこちで耳にし、私もその年号だけは決して忘れられなくなった。私達日本人はどうだろうか……。広島で、長崎で一九四五年、一個の原爆でどれだけの市民が死んだかを、出会う外国人に伝え続けるとともに、親は子に、先生は生徒に繰り返し繰り返し説き続けなければならないと思う。大切な史実でも遠い国へはなかなか伝わらないものだから、なおさらである。後に訪ねたサモス島で若い修道士と話す機会があった時、「広島の原爆で一万人位死んだのですか?」と聞かれた事があった。原爆が投下された事を知っている人でも、半世紀前、彼が生まれるずっと前の史実はその程度にしか伝わっていないのだ。

「急がないとネア・モニは閉まってしまいます」とバハス氏に言われて、慌てて暮れ始めた丘を下った。満月の秋の夜など、崩れかけた石の陣屋の地下から、この地で果てたオスマン・トルコの兵士達が続々と出てきて、岩山の上で酒盛りなどするかもしれない。しかしあの崖下の岩場には永遠に声もなく、涼風が吹くこともないように思われた。

ネア・モニ修道院の門は閉まりそうだった。たった一人で夕方の清掃をしていた老僧が、私達が見学する間だけ裸電球を一つつけてくれた。見事な天井画も壁画も、はがれたり崩れたりし始めている。大切な聖人達の頭部や半身が剥げ落ちたり、肩から先の手が失われたり……。

日本の仏画のように補修することは不可能なのだろうか。無論、フラッシュは禁止で、夏の昼間に来なければ明るい写真はとれない。あと何年、この壁画は持ちこたえることが出来るのだろう。ユネスコ世界遺産に登録されてはいるけれど。

この修道院が十一世紀建立と聞けば、私達は同時代の宇治の平等院鳳凰堂の優美な姿を思い出す。ネア・モニもコンスタンティノープルから派遣された最高の技術者と画家により完成されたそうで、ビザンチン時代の最重要建造物の一つに数えられている。どっしりした八角形の教会が当時の人々の心を引きつけたことだろうと想像出来る。夜ごと天使が降りて来て空から枝ぶりを整えているようなスマートな糸杉の並木がこの敷地を囲み、周囲の田園と全く違う静謐《せいひつ》な空間を作っていた。

山あいを縫って、振り二十キロ東へ、出しのヒオス市の海辺のホテルまで送ってもらう。

「写真を送るのに住所を」

と言うと、読み易い

世界遺産ネア・モニ修道院のフレスコ画はあちこちはがれていた。

字体のギリシア語と英語で両面印刷された名刺を出し、

「あと北半分、明日回りませんか」

と誘ってくれた。

そうすればよかった。一日休んで、次の日頑張ればよかったと、今になって後悔している。でも、あの時は、初めての島旅の経験で喉元まで満腹だった。とにかくアテネの家へ帰って休まないと、消化出来ない感じだった。アテネを出る時は約一週間で三つの島を回る予定だったが、レスボスに居る間にサモス島は出直すことに決め、ヒオス空港からアテネ行きの帰りの航空券を買ってしまっていた。

この日で五泊目なのに、予想をはるかに超える豊かな出会いに恵まれ、十日以上も旅を続けたような充足感と疲労感に襲われていた。

〝今立っているこの地点からほんの数キロ北上すれば、あの大ホーマーのダスカロ・ペトラ（先生の石）がある〟という思いは強く残っていた。しかし、

「今度来た時に北半分をお願いします」

と言って別れた。結局、再訪する時間はなくなってしまった。

楽しい一枚

一八二二年の悲劇の後も残り、シャトーブリアン（一七六八〜一八四八年）が感嘆したヒオスの街並は、一八八一年の大地震のため跡形もなくなってしまったそうだ。でも、メトロポリス教会、コライス図書館、トルコ墓地、聖イヨルイヨス教会等はそれぞれ独特の歴史を持ち、それぞれの風格があった。十月七日、もう人影のない海辺の城塞跡から城壁を歩き、海風を吸った。昼時の鐘が聞こえ、街の方へ戻り始めたら、パンの焼き上がる香ばしい匂いが流れてきた。近付いて行くと、焼きたてのパン四十本程を屋台のような車に積んで引いて来る男に会った。

「ポソ・カニ（いくら？）」

「エカト（百）」

これなら解《わか》る。百ドラクメスのコインを一枚渡して買おうとした時、どこからか怒鳴り声。小売りの男は頭を下げてコインを返し、私達に店の方を指して、車を引いて去って行った。

一体どんな権利があって、パン屋の主人は小売りの男にそんなに威張るのか。やっとギリシア語で調子よく買物が出来そうだった私はムッとしていた。怒鳴った意味は全く判らなかったが、美味しい匂いは板戸一枚開かれた店から溢れ出ていた。

この匂いには抗《あらが》えない。相棒はどんどん店に入って行った。すると先程の声の主らしい男が大のニコニコ顔で彼の肩を叩き、

「日本人だろう。私は横浜、神戸、釜石、室蘭へ行ったことがある」

と迎えた。パンを買いに来ていた同じ年格好の二人の男もそれぞれ、

「僕は横浜、長崎、佐世保へ行った。」

「僕は横浜、神戸、長崎、名古屋、門司へも行った」

と握手ぜめ。

「私は実は横浜で働いているのです」

と相棒が言うと、

「伊勢佐木町、相生町を知っている」

と身を乗り出す。陸に上がってもう二十年は経つと思われるのに、よく覚えていると感心する。

こんな話をしたいばかりに、彼は小売りの男を怒鳴って追っ払ったものらしい。びっくりする程の大声は彼等にとっては普通の音量で、「こっちへ寄越してくれよ」位のことだっ

たのかもしれない。それにしても、海運国ギリシアの男達には日本を知る人が多いのに驚く。町名まで覚えているのは、寄港しただけではなく、ゆっくり滞在したのだろう。円安の時代で、楽しい思い出も多いに違いない。彼等は一様に親日的で、本当に有難かった。今会ったばかりの五十近い男達が、とても楽しそうにはしゃいでいるので、私は写真を一枚撮ってみた。新しいカメラで扱い方もよく分からない上、至近距離。頭が四つ、ちゃんと入るか危ぶみながら。

四つの顔は無事収まり、案外よく撮れていた。真ん中に真底嬉しそうに笑っているパン屋の主人の大きな白い顔。隣で相棒も歯を全部見せて笑っている。横浜通の男は白いビニール袋一杯買物をして、財布からお札を出しながら笑っている。日焼けした横顔がシャープ。もう一人も日焼けしていて、四人共白髪頭。日本でフランスパンと呼ぶ細長い形の、しかし色の黒いパンをギリシアではホリコと呼び、日常食にしている。どこのタベルナでも、普通これを二切れ皿にのせ真っ先に持ってきて、注文をとる。日本で水のグラスを持ってくるように。そのホリコが二十本ずつ置かれた木の棚や、焼きたてが一杯入ったバスケットも写っている。

この一枚を見ると色々なことを思い出す。先ずギリシアでは、パンは勿論、野菜、果物、菓子、雑貨など買物に行くのは男性の方が多い。わが家でも、時間が許す時は朝でも昼でもあつあつのパンを買いに行ってもらい、その間にオレンジを切ってジュースをしぼったり、スープやサラダを調える、楽しい食事だった。パンやパイを焼くかまどをフルノスと言うが、パン屋さんもフルノス、同じ名詞である。従って、仕入れたパンを売る店はフルノスではない。アテネでも島でも地方の町でも、パンの焼ける匂いに釣られてパンを買い、いつもおいしかった。この店で買ったパンをホテルに持ち帰ったら、いつまでも匂っていたことも思い出した。金を払おうとしている男のビニール袋の中に粗末な白い紙袋が写っている。あの中には、チロピッタ（小さなチーズパイ）や、やけどしそうなほうれん草のパイが入っているに違いない。

腕に自信がないので、名前も住所も聞かなかったのが残念だった。こんな楽しい写真を送ったら、どんなにか大喜びしたろうと思われる。色が褪せるまで店先に貼っておいたかもしれない。

Ⅳ

サモス島

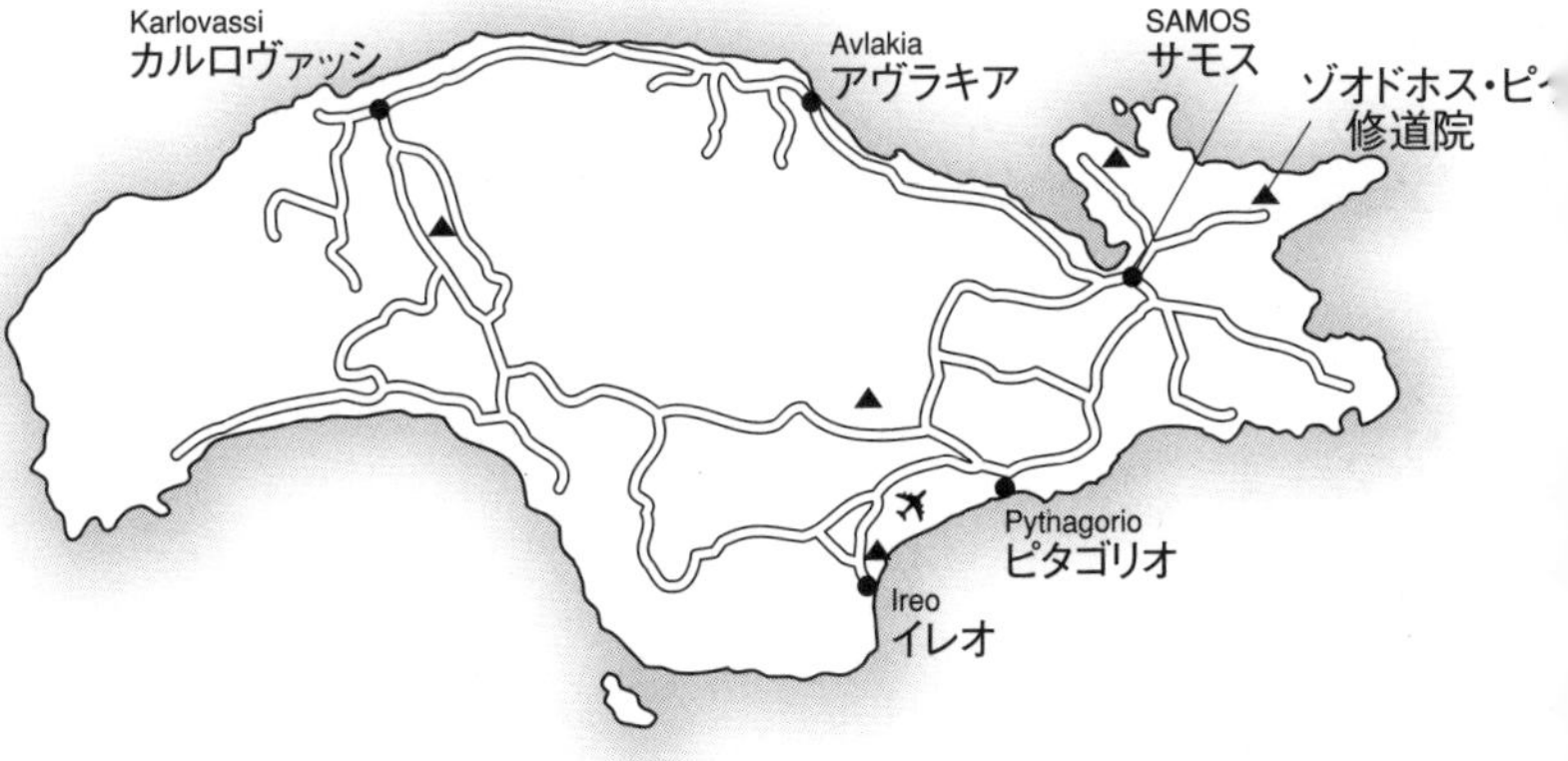
Karlovassi
カルロヴァッシ
Avlakia
アヴラキア
SAMOS
サモス
ゾオドホス・ピ
修道院
Pythagorio
ピタゴリオ
Ireo
イレオ

146

サモスのクーロス像

十月二十一日、快晴。朝の便でサモス島へ飛ぶ。レスボス行きよりずっと小型のプロペラ機だ。珍しいので、ゲートから機体まで歩いて行く時、プロペラに近付いて写真を撮ろうとしたら、関係者に怒鳴られてしまった。空港が撮影禁止なのか、プロペラを写すのが悪いのか、その時はよく判らなかったが、後日空港内撮影禁止と知った。半月前のレスボス行きの朝は、初めての国内線なのでとても緊張していた。ギリシア語の放送は勿論、英語の放送も聞きとれない。電光掲示板を何度もたしかめた。タラップを上る時、記念に機体をバックに写真を撮ったが、誰にも何も言われなかった。それは関係者の目に止まらなかっただけのことらしい。小さな二枚の写真で当日の天気や気分も分かり、とても懐かしい。

八時五分にアテネ空港を離陸して、陽を受けて輝く秋のエーゲ海や、海岸線のはっきり見える島々を見下ろしながら東に飛ぶ。九時には広い原っぱのようなサモス空港着。かのピタゴラスの生誕地ピタゴリオに近いけれど、サモス市からは十数キロ離れている。

タクシーに行く先を言わねばならない。いつものように島の情報を少しでも多く得たいと思い、サモス市のＧＮＴＯ（ギリシア政府観光局）へと頼んだ。下車してみると閉まっている。その時になって、土曜日だということを思い出した。大きなガラス窓越しに魅力的な表紙のパンフレットが並んでいるのが見えたけれど、土、日は休館で、ちょうどサモス市滞在と重なったため、ここのＧＮＴＯとは残念ながらご縁がなかった。旅先のＧＮＴＯの人々との会話は、それぞれに個性があり、忘れ難いものがある。

先ず持参した地図を片手に考古学博物館へ向かう。ゼウス大神の妃ヘーラが、この島のパルテニア川で生まれたとされている。古代にはそのヘーラを讃える大神殿が建てられていた。その遺跡や、古代サモスからの発掘品の素晴らしいコレクション、サモスとオリエントの結びつきを示す前八世紀から前六世紀にかけての青銅器のコレクションが展示してあった。当日心惹かれた土器類を陳列ケースごと写した写真も手元にある。けれど現在、私の目の前に生き生きと甦るのは、美しいピンクの大理石の巨像ただ一体だけである。

日本でも仏像などで大きな立像はたくさんある。大仏様は磐石の如く座していらっしゃる。私達日本人が巨大な彫刻を見慣れていないわけではない。しかし、サモス市の考古学博物館の巨大な《クーロス》像の量感と言ったら……「クーロス（青年）」はいかにも柔和な表情で、真っすぐ前を向き、いまにも歩き出しそうな姿で立っていた。

およそ二千六百年前、基礎部分が全長百八メートル、幅五十五メートルという壮麗なへーラ神殿のどこかで、最盛期のサモス島の太陽と風を全身に浴び、意気盛んなサモスの人々に見上げられて立っていたことだろう。現在ルーヴル美術館にあるという《サモスのヘーラ》像を護っていたのかもしれない。背丈四・七五メートル。黒い線がまるで木目のように入ったピンクの濃淡の大理石が、磨かれて人肌のように温かい感じだ。左脚は膝下から、

イレオの巨大な神殿跡に一本だけ柱が残っている。

大理石のクーロス像（高さ4.75メートル）

右脚はくるぶしから失われているけれど、輝くばかりの微笑を浮かべ、左脚を踏み出している。日本の寺の四天王のように、イレオではこんなクーロス像が数体、《ヘーラ像》を囲んでいたのかもしれない。彼の仲間達はまだイレオ神域の地下深く眠っているのかもしれない。

アテネのアパートで一度、あの巨体のクーロスが薄暗い野原をゆっくり歩いている夢を見たことがあった。もし目が合ったら、人間は彼の時間にとり込まれて砂粒になってしまうような気がして、息を殺して草の中に伏し隠れた。目覚めてから、彼が何に向かって歩いていたかを見届ければよかったと、しきりに悔やまれた。

サモスのクーロス像を見てから、今年で三度目の秋を迎えた。私の中ではいつの間にか、彼は二十世紀に自分のためにガラスと石で特別に建てられた博物館の住家から歩み出て、かつてヘーラ神殿が建っていた海辺のイレオ村の生い茂る草の中に立っているような気がする。

二千六百年ほど前に彼が生み出された地で、一人静かに、冴えわたる月の光を浴びたり、エーゲ海の寒風吹きすさぶ冬の夜には、まだ見たことのない雪にとじ込められる北国に思いを馳せたり、春には鳥たちのたよりに耳を傾けたりしながら、二千六百年間同じ微笑をたたえ、海の彼方のルーヴルにいるヘーラ女神の方に顔を向けて立っているように思える。

ホテル・サモス

紀元前六世紀半ばに栄光の最盛期を迎えたサモス島。その中心で、現在は人口七千七百を超えるサモス市。カプラネリ女史がマルをつけてくれたホテル・サモスに泊まろうと決めてあった。Cクラスだけれど、彼女が勧めて下さるのだから大丈夫だろう。

「ホテル・サモスは丘の上の方らしいから、午後も市内探訪をして、夕食後にタクシーで行こう。念のため電話で予約しておいたら」

と、外国では慎重な相棒が言う。電話ブースを探し歩き、夕方伺いますと電話すると、

「今、どちらに？」

「港の近くです。」

では夕方お待ちしていますとの答をもらい、一安心。お茶でも飲んで、岸壁にあると聞いた大理石のライオン像を見に行こう。ライオン像はサモス島民の勇気の象徴で、シュロの木々に囲まれて立っていると書いてあった。歩き出した途端、目の前に大きな立て看板。

《朝食付××ドラクメス　ホテル・サモス》

秋になり値下げの広告だが、一体ここはどこ？　四つの目でよく見れば、大小の船が停

泊している港のまん前。海に向かって何十もの窓がすっきりと並ぶ大きなホテル・サモスのまん前だ。アテネで住所を見た時に、なぜか丘の上の方と思い込んでしまっていた。ギリシアの多くのホテルと同様に、一階はカフェテリア兼ホテルのグリルで、窓沿いの歩道にも白いテーブルと椅子が並び、一杯のコーヒーを前に旅人は何時間でも憩うことが出来る。海風を楽しみながら、疲れを知らない波の踊りに見とれたり、友人達との話に花を咲かせたり、一人詩作に没頭したり……。

カフェテリアのレジの横にホテルの受付があった。

「先程、夕方入ると電話した者です。まん前に来たものですから、荷物を預かってほしいと思って……。こちらホテル・サモスですよね。」

まだ五分も経っていない。電話の声を覚えていたらしく、中年の女性がおかしそうに頷く。

「ホテルの場所を見当違いしていたもので」

と正直に言い、双方目を合わせて大笑いになった。正午前なのにすぐ大きな鍵を差し出し、先に立って気軽に部屋へ案内してくれる。海に向かい大きく開いた窓から、活気のある港が見下ろせる。ギリシアの旗を風になびかせて停泊している大小の船、知らない国旗を掲げた船、大きなクルーズ船が、その船に乗降する人々の姿まではっきり見える。

今朝は、東京と同じように交通量が多く空気が汚染されているアテネに居たのに、初めての島のホテルで、もう寛《くつろ》ぎながら海風を吸っている喜びが、静かに湧き上がってくる。予想も出来なかった初めて見る風景、そしておそらく生涯二度と目にすることはないだろうこの島の港を、しっかり目に収めた。船に翻る青と白のギリシア国旗を眺めながら、相棒は感激していた。学生時代から敬慕し続けた古代の哲学者エピクロスが生まれたといわれているこの小さな島に、地球の裏側から到頭やって来ることが出来たのだから。

Cクラスのこのホテルは勿論贅沢ではないが、適当な広さはあり、とても明るく清潔。交通至便。その上安くて有難い。日本では、一泊五千円といえば、一部屋に二人泊まれば一万円、三人なら一万五千円払うのがごく普通である。しかしギリシアは違う。一泊五千円は一部屋の値段だから、三人泊まっても五千円。朝食付なら、三人で朝食を食べても五千円だ。朝食別の場合は、朝食代を人数分払うことになる。この方が合理的ではないだろうか。

日本から来た当初、こちらのホテルは本当に安いと思った。Cクラスならサービス料も加算されず、消費税とか入湯税も勿論ない。枕銭は枕一つに二百ドラクメスが普通と教えてもらった。日本円で百円である。ギリシアのこのシステムと円高のおかげで、今回の私の旅は成立している。一九九五年十月、私にとって幸運なことに一ドル百円前後だった。二十三年前に相棒が初めてギリシアを回った時は、一ドル三百六十円。海外旅行は高嶺の花だった。

今日、日本に関心を持ち、訪日してみたいと思っているギリシア人は少なくない。けれど、初めて日本の宿に泊まって、彼等はどう感じるだろう。二人で一部屋を使うのに、宿泊費が二倍になる。円高の時代はなおさら高いと思うだろうと、心が痛む。勿論、色々なサービスはあるけれど……。

どの国でも同じである。Aクラスのホテルでも食事がさほどおいしくなかったり、調度品やバスタブは豪華でも、お湯の出が悪かったりする時もある。反対にCクラスでも、大きなバスタブ付きで部屋の照明も明るく、日本人好みのホテルもある。そんなホテルに出会った時は格別に嬉しい。

ティーラ島で、若くてたくましい日本女性二人組に出会った。彼女達は、どの国へ行っても、宿を決める前に四ヶ所位、実際に部屋を見て回り、それぞれ条件を聞いてから決めると言っていた。とてもそんな体力のない私達は、泊まってみるまで予測が出来ない。一回一回がまるで賭けのようで、面白かった。

ゾオドホス・ピイ修道院

午後遅く、地図に絶景のマークが付いているゾオドホス・ピイ修道院を訪ねた。東西に細長いサモス島の東端の崖の上にある。サモス市から約十四キロメートル、晴れた日にはトルコのクサダシの白い家並が見渡せるそうだ。市の広場の岸壁に立つ白大理石のライオン像の所がタクシー乗場だった。少し英語を話せる運転手が頼りのガイドだ。

海沿いに丘を登るにつれて、低い林ごしに展《ひら》ける海と、対岸の緑濃い山々が調和して、美しい風景なのだが、その山々はトルコ領とのこと。本当にこの島から手の届きそうな山々だ。その間にある海に国境線を引くのは至難の業《わざ》に違いない。

対向車はない。時々、秋の夕ぐれの気配が漂い始めた山道を、下ってくる人がいる。大きいザックを背に一人歩きの若者もいれば、シニアのカップルもいる。私達が時間を惜しんでタクシーを使ってしまう道を、ヨーロッパの人は本当によく歩くと感心する。自分の足で歩かないと決して見えないものがあり、出会えない人がいると分かってはいるのだけれど……。彼等は、トルコを眺めながら歩くこの道に、たっぷり一日あてているのだろう。

丘を登り切ると、まだ濃紺の空をバックに白壁の建物があった。落ち着いた赤錆色に塗られた門と部屋部屋の窓枠が夕陽に映えていた。あたり一面の静寂。

老司祭が一人黙々と祭壇の掃除をしていた。金箔を貼った、堂々とした調度品。数々の金の燭台。重々しい銀細工で飾られたイコン類。礼拝堂に続く、今は閉ざされている部屋の窓々に、若い修道士の声が溢れていた時期もあったろう。現在は何人くらい住んでいるのですかと私はそっと運転手に尋ねる。彼は、掃除を続ける黒衣の老司祭の方を見ながら、静かに答えた。

「お一人です。あの方だけです。」

日本でも、過疎の村里の無人になったお寺など、ＴＶで放映されていたことを思い出した。戦後生まれに違いない運転手が、以前はたくさんいたそうですと付け加えた。

人口の九十五パーセントはギリシア正教徒です、と胸を張って言うのは、島に住む人が多い。神様を信じてはいるが、形骸化している現在の宗教、現実生活と全くかけ離れた教会のあり方に激しく反発している若者に、アテネでは何人も出会った。無宗教の若者達もたくさんいるようだった。ゾオドホス・ピイ《生命の泉》の名を持つこの修道院に若者が集う日が再び来るのだろうか。

ハリカポリ

「Glad to see you は日本語でどう言うの。」

「お目にかかれて、うれしいです。」

エレニはすぐに何度も繰り返し練習する。明日会えばきっと「おはようございます」に続けて、正しい発音で言うだろう。ここひと月の滞在で出会い、日本語を覚えようとしたギリシア人は皆、耳で覚えた。日本人、特に戦前に教育を受けた人は、目で覚えようとする人が多いように思う。忘れっぽい私は書き留めておかないと安心出来ない。

「それをギリシア語でここに書いて。あなたの名前も」

とメモ帳を出す。読みやすい字で英語とギリシア語を並べて書き、発音してくれる。勿論私の方は、自分の名前を漢字、ひらがな、カタカナの三種類で書き、ローマ字でルビをふって発音してみせる。

エレニは娘時代にアメリカに留学していた折、マキコという日本人とルームメートだったそうで、なつかしそうに応対してくれた。私の方は、彼女が、十年前に他界した日本の友人Nさんにそっくりなので、仰天してしまった。五十前の若さで、三人の子を残し急死した小柄で色白だったNさん。そのNさんに信じられない程そっくりの、ぽっちゃりした丸顔が私の目の前にあった。話好きの所もそっくり。

それはある秋の夕方、サモス港の乗船場近くを歩いていた時のことだった。この島に一番近いトルコ行きや、ヨハネが黙示録を書いたので有名なパトモス島行き、その他各地の港への船の切符を売る小さな旅行社が並んでいた。私達は翌々日の行く先が未定で、各社の切符の値段比べをしながら、一つの店に入ってみた。そこにエレニがいた。

その彼女の「ノー」が、私がギリシアで聞いた最も心に沁みる「ノー」だった。

ギリシア語は動詞、形容詞は勿論のこと、名詞から冠詞まで格変化する面倒な言語だ。珍紛漢《チンプンカン》のことを英語で"It's all Greek to me"（それは私にとって全くギリシア語だよ）と言うのも頷《うなず》ける。しかし日本語もまた実に難しい。カタカナ、ひらがな、漢字が入り交じって文が成立すると説明しただけで、お手あげになる人も多い。だからたいていの場合、ギリシア語は難しいから私は出来ないと言うと、当然という顔をする。そして少し日本語を知っている人なら、

「日本語も同じですね」

と返してきて、何となく双方が納得してしまう。

ところがエレニは違った。ギリシア語は難しくてと気軽に言った時、真剣な、怖い顔を

して、私を見つめてきっぱり言った。

「ノー。」

続けてギリシアは好きかと聞く。少しうろたえていた私は、彼女を見返し神妙に答えた。

「勿論よ。」

「それならギリシア語は難しくない。好きな国の言葉はすぐ覚えられます。」

そして明るい調子で「お目にかかれて嬉しいです」と言い、微笑んでみせた。つられて私も、メモを見ながら返したのだった。

「ハリカ　ポリ　プーサス　グノリサ」

それから二ヶ月が経ち、クリスマスになった。ギリシア人の船主と結婚しているH子さんが、アテネ郊外の彼女の別荘でのパーティに招いてくれた。二十人位だったろうか。皆、とても気を使って、英語で話してくれた。時として自分達の内輪話が興にのり、ギリシア語で盛り上ってしまった時など、誰かが慌てて通訳してくれた。それはアテネ大学、B哲学教授宅での、大学関係者だけのクリスマスパーティとは大違いだった。B教授夫人は英語は全く駄目だった。

「彼女達が教育を受けた頃は、ギリシアの良家の子女は、フランス語とピアノを習得するのが大切だったのよ」

と「バイブル」夫人が教えてくれた。

パーティでの話はいつの間にか全部ギリシア語となり、私はおいてきぼりになってしまった。夫人手作りの伝統的な御馳走は十分賞味させていただいたけれど。

H子さん宅の会のお別れの時、私は二ヶ月前エレニに習ったあの言葉を思い出した。そして勇気を出して、

「ハリカポリ　プーサス　グノリサ」

と言ってみた。気の良いギリシアの夫人達は、

「オー　ハリカポリ《(とても うれしい)》　ハリカ《(うれしい)》　ポリ《(とても)》」

と私を抱きかかえ、背中を叩いて大喜び。その先どんどんギリシア語で話されたら一大事なので、「私の知っているギリシア語はこれで全部」と大急ぎで告白したのだった。

ほんの立ち話だったけれど、サモス島で出会ったエレニのぱっと真剣になった顔は忘れられない。

《洞窟のマリア》修道院にて

毎年八月、原爆の日が近付いてくると、ギリシア滞在中にそれが話題になったサモス島の《洞窟のマリア》修道院と、そこで神と司祭夫妻に仕えていた大柄で目の不自由な若い修道士を思い出す。

サモス島といえば、日本人にもよく知られている古代の数学者ピタゴラスの生まれた島。しかし彼より有名なのが《エフパリノスのトンネル》である。ヘロドトスとツキディデス、二人の歴史家の名前は私にとって、長年の間古代という深い霧の中にぼんやり漂っていた。ところがサモス島の案内書を読むと《エフパリノスのトンネル》は歴史家で地理学者でもあったヘロドトスが、当時の世界三大不思議の一つに挙げている導水路と書いてある。前六世紀に、大都市サモスに水を供給するために計画された。山の反対側にあるアイアデスの泉から、岩山の内部を千三百五十メートルも、十五年の歳月をかけて掘り抜いたトンネルである。南北からそれぞれ進められた工事が、紀元前五二四年に山の下でつながった時、たった数十センチのずれしかなかったと聞き、当時の技術の高さにすっかり感服してしまった。このトンネルの写真を見た途端、ヘロドトスも建築家エフパリノスも、霧の中から青空の下へしっかりと歩み出てきたのだった。

そのトンネルをぜひ見たいと思い、私達は丘を登った。すばらしい天気に恵まれた十月二十二日、強い秋の陽を浴び、汗を流しながら。やがてオリーブや雑木がまばらに育っている林の上の方に、糸杉に囲まれた高台が見えた。人影も見え、やっと着いたかと、急ぎ石段を登った。そこは見晴らし台で、その奥はトンネルではなく《洞窟のマリア》教会のある修道院だった。道標《みちしるべ》に従って進むと、江の島のトンネルのように、明らかに人が時間をかけて堀り進めた洞窟の奥にマリアを祀った礼拝所があった。日本の隠れキリシタンの歴史を思い出しながらお灯明をあげ、自然な気持ちで手を合わせた。

日本の寺院も外国の教会も同じ。入口近くに売店があり、キリスト関係の本、絵葉書、ちょっとした土産物など置いてあった。少し眼の悪い若い修道士が退屈そうに座っている。客は一人もいない。ゆっくり絵葉書を選び求めた。それから、偶然立ち寄ったこの教会の案内書を手に、迷う。サモス島の人里離れた洞窟の奥の教会の歴史を知りたいとは思うけれど、ギリシア語の本しか置いてないのだ。小学生のようにタイトルの大文字を一字ずつ読み、やっと買う決心をした私を、白い服を着たその若者は珍しそうに眺めていた。東洋人が読めない本を買うのを不思議に思ったのかもしれない。支払いをすませて外に出ると、彼も続いて出てきて、

「これは私からの贈り物です」

と一枚の絵葉書を差し出した。まったく予期しなかった贈り物に、驚いてよく見ると、私が選び落としていたこの教会の《洞窟のマリア》の美しいお姿だった。彼は私が買った絵葉書をちゃんとチェックしていたのだ。青空を見上げながら、彼は、

「何か飲みませんか」

と私達を誘った。一時期は何十人かの修道士が生活していたと思える大きな修道院に、現在住んでいるのは司祭夫妻と彼だけとのこと。喫茶室などあるわけがない。自動販売機でパックジュースを買い、見晴らし台のベンチで飲むだけのこと。でも、大きな松の根元のベンチで、紺碧の海に続くピタゴリオ平野、海辺の一かたまりの家並を見下ろし、のどかな風景に憩いながらのこの若者との会話は、忘れ難いものだった。

この国では話したいことがあれば会話は成立する。そのことが実感出来て、感動してしまった。ギリシア語が出来ないとか、英語が苦手だ、発音がよくないなどは、全く問題にならない。この時の会話は、単語を並べるだけで充分分かりあえる見本のようだった。オリーブや糸杉や松林を渡って風が歌い、凪《な》いだ海の向こうにトルコのミカレ岬が見えていた。

「ギリシア　日本　遠い。ギリシア　日本　歴史。」

両腕を大きく動かしながら、単語を一つずつ言う。両国とも長い歴史をもつ国だと言いたいのがすぐ判る。

「トルコ　ナイフ　ヒオス」

これは十九世紀のトルコによるヒオス島民虐殺のこと。ヒオス島を訪ねた後だったのですぐに判った。ナイフが動詞に使われるのを初めて知った。

「カソリック　ナイフ　グリーク……」

最後に何という語を使ったか、覚えていないが、相棒の解説によると、カトリック教徒がギリシア正教の司祭を虐殺した事件があったらしい。二十世紀になってからの話である。ギリシアに近いヨーロッパ諸国は皆、種々複雑な利害関係があり、彼ははっきり、

「良くない国だ」

と断定した。たとえばフランスは、核実験をしたばかり。

「フランス　よくない。アメリカ　原爆　ヒロシマ　よくない。」

エーゲ海に浮かぶサモス島の古い修道院に住む二十代の彼が広島の被爆を知っていて、

「二万人位死んだのですか」

と聞いてきた。

「いいえ、いいえ、とんでもない。即時死亡と後遺症で死んだ人とで三十万近く……。」

九十五年にはたしか、そう言われていた。後になって考えると、彼は英語で十万人と言ったつもりだったのかもしれない。慣れない外国語でとっさに数を表現するのは難しいから。私達も、日本の人口はとか、東京の人口はと聞かれると、紙とペンを取り出し、数字を書いてから読むようにしていた。

はるかに遠い国日本の広島に原爆が投下されたのは、彼が生まれる四半世紀以上も前のことである。情報が不確かなのは致し方ないと思う。私は第二次世界大戦中、パリがドイツ軍に占領されていたことは、映画、小説その他でよく知っていたが、ギリシアもドイツに占領されていたとは、恥ずかしいことに、まったく知らなかった。今回ギリシアを旅して初めて、ギリシア各地に住んでいたユダヤ人もはるばるアウシュビッツまで連行されたこと、アポロ神殿の遺跡で名高いデルフィ近くで激しいゲリラ戦が行なわれ、多数の死者が出たこと、クノッソス宮殿のあったクレタ島まで戦場になっていたことなどを知ったのだった。

「ヨルゴ!」

司祭夫人に呼ばれ、彼は手を振って立ち去った。十ヶ月滞在したギリシアで原爆が話題になったのは、あのパナイア・スピリアニス(洞窟の聖母)修道院の見晴らし台でだけだった。八月を迎え、私達は少し怠慢だったかもしれないと思う。今年八月に読んだ『絵で読む広島の原爆』（那須正幹・文、西村繁男・絵、福音館書店）には四十六万人が直接、間接に死んだと記してあった。

地上のどこかで人々が、核兵器を頼りに憎み合っているなどと、とても信じられない平穏な島サモス。波高い冬の間は訪ねる人もない高台の修道院で、あの青年はたった一人で神を信じ、今日も働き続けていることだろう。見晴らし台の丘の斜面で鶏を飼い、木の股に作った小屋で小兎達を愛情込めて育てながら。

diotissa
ルディオティサ修道院
Sitia
シティア
Vai
ヴァイの椰子
Káto Zákros
ザクロスの遺跡
ikólaos
イオス・ニコラオス

V クレタにて

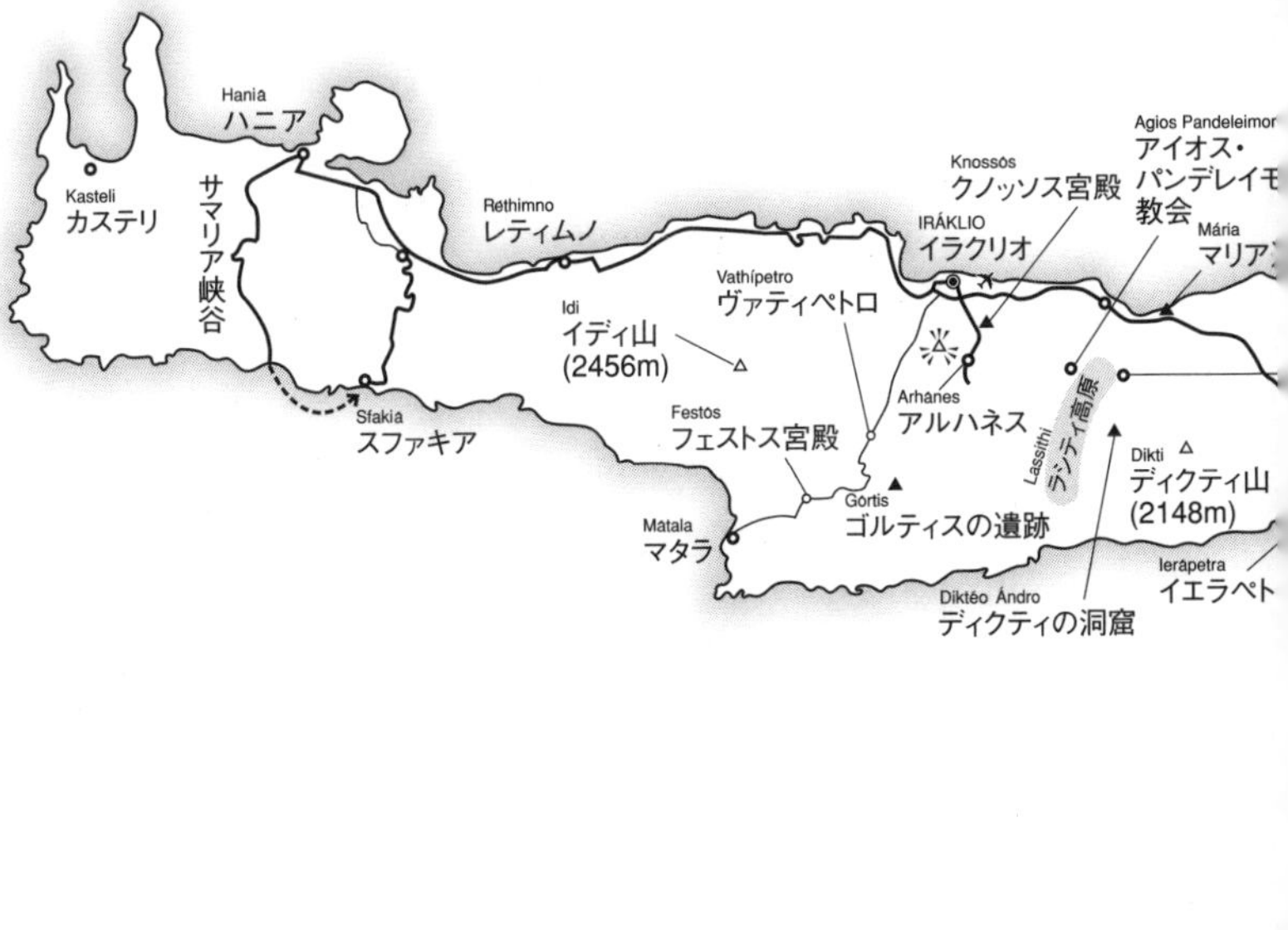

Haniá
ハニア
Kasteli
カステリ
サマリア峡谷
Sfakia
スファキア
Réthimno
レティムノ
Idi
イディ山
(2456m)
Vathípetro
ヴァティペトロ
Festós
フェストス宮殿
Mátala
マタラ
Górtis
ゴルティスの遺跡
Knossós
クノッソス宮殿
IRÁKLIO
イラクリオ
Arhánes
アルハネス
Lassíthi
ラシティ高原
Diktéo Ándro
ディクティの洞窟
Dikti
ディクティ山
(2148m)
Agios Pandeleimor
アイオス・
パンデレイモ
教会
Mária
マリア
Ierápetra
イエラペト

洞窟で生まれたかった

ウラノス（天空）の息子クロノス（時間）は、父から支配権を奪い、兄弟を地獄に叩き込んだ。その上、「汝の息子が汝を倒して支配者になる」という予言を恐れ、自分の子が生まれる度ごとに、自分を脅《おびや》かすものをなくそうと、その子を呑み込んだ。そこで妻のレアはゼウスを身籠《みごも》るとクレタ島に行き、生まれた赤児を洞窟に隠し、夫には御襁褓《おむつ》に包んだ石を渡す。夫はそれを息子と思い、即座に呑み込む。こうしてゼウスは辛うじて生きのびることが出来たとギリシア神話は語っている。

ヨーロッパの最南に位置するクレタ島。でも海抜二千百五十メートル近いディクティ山は半年間、雪を頂く。その麓に広がるのが、素晴らしい眺めのラシティ高原である。

青空をバックに白い大きな布張りの風車が回り、豊かなオリーブ畑には一面に赤いけしの花が咲き乱れる。穏やかな顔の島人が黒いロバを連れて花野を横切って行く。そんな絵葉書や手のこんだ刺繍の壁かけをアテネでよく見かけた。手にとってみると、クレタ島ラシティ高原と記してあった。その高原に、あのゼウスの洞窟があると聞いていた。そして不思議なことに、日本にいる時から、私にはいつかそこに行ける予感があった。

しかし、実際にクレタ島へ飛んでみると、実に広い。東西二百六十キロ、南北は十二キロから五十キロ。山あり峡谷あり、クノッソス宮殿を始め、どうしても行ってみたい古代文明の遺跡だけでも四つある。現在の主都イラクリオにも、三十年程前まで主都だったハニアにも充実した博物館があり、十日間位の予定では交通の不便な高原の洞窟まではとても行けそうになかった。

ところが、今回の旅では本当に幸運に恵まれた。前年、到着したばかりのアテネのホテルで、クレタ島に住む日本人K子さんと偶然知り合った。それから八ヶ月も経って、私達がクレタ島に滞在中のある日曜日に、彼女の夫デミトリスが、ディクティ山に近いカルディオティサ教会に案内してくれたのだった。

5月のディクティ山麓ラシィティ高原をロバを引いた村人が行く。

夫妻と、末っ子で小学校一年生のエレナと私達の五人は、彼の車で、よく手入れされたオリーブ畑やブドウ畑の間のジグザグ道を登って行った。丘の上の、はるか遠くに海を見下ろせる場所に古い教会があった。入口に立つ古いマリアの石像に手をふれながら、デミトリスは真剣な顔でこの教会の不思議な言い伝えを一生懸命話してくれた。

「この御堂にあるマリア様のイコンを、攻めてきたトルコ兵が持ち去ろうと縄をかけ、港まで運んで行きました。しかしこのイコンは、夜の間に独りで山の教会まで帰って来たと伝えられています。」

デミトリスは誇らし気に語った。彼は自分の生まれ故郷の教会と、このイコンを見せたかったのだろう。雲が激しく動く夜、薄明かりの長い山道を滑るように、そして飛ぶように登ってくるイコンが見えるような気がした。

エレナは教会の小さな売店でマリア様の絵葉書を一枚買い、大切そうに自分のノートに挟んだ。そのエレナを見守るデミトリスとK子さんは本当に幸せそうだった。

しばらくしてデミトリスが、

「ゼウスの洞窟に行ってみるかい?」

と聞いてくれた。まるで、ずっと以前から決定していた事のように思えて、頷く。

五月である。ピンクの野ばらが惜しみなく咲きこぼれる道を山を巻くように更に二十キ口ほど登ってゆくと、小さな石柱が建っていて、下車。どこからかロバに乗ってやって来たアメリカ娘や、長距離歩いて来たらしい観光客などと一緒に入場券を買い、又急な階段を登る。いよいよ洞窟の入口だ。そこではローソクなどが売られている。懐中電灯を持った案内人も何人か立っていた。デミトリスがさっと案内人を頼んでくれ、その案内人の後に怖がりの私、エレナ、相棒と続き、穴の中に下りて行く。

急傾斜でずるずるすべるぬれた岩の細道だ。所々、案内人達のライトが照らしてはいるが、何千年もの間太陽と無縁の、湿った敵意にみちた闇が目を光らせ、ライトの光を呑み込んでいるような危険な感じ。十メートルほど下り、息苦しく引き返したいと思ったが、片方が崖になっているこの細道は人がすれ違うことの出来ない一方通行である。黙々と人が続いているらしい。観念して下りるしかない。まるで冥界まで続く一本道のように思えた。五人に一つのライトでは、私は良いがエレナは大丈夫かしら。足をとめて振り返ると、平気な顔のエレナと、がっしりしたデミトリスがサンダルばきの妻を支えながら、暗い中をやはり平気な顔で進んでいるのがチラと見えた。闇が苦手なのは私だけなのかもしれない。

やっとライトが岩壁を照らす。濡れて茶色に光るでこぼこが続く壁面に、一ヶ所窪《くぼ》んだ岩棚が祭壇のように見えた。

「あそこにレアは赤児を隠した」

と、短い説明の声が重々しく響く。さすがゼウスの母、広く深いクレタの森の地下深く、こんな洞窟をよく見つけたものだ。

まとわりつくような闇の中、下った分を登らねばならない。やっと先の方に地上界への穴が見え、ほっとした。すると全く突然に『徒然草』の「高名の木のぼり」を思い出した。あれは心して下りよだったけど、こちらは心して登れだと、おかしさが心に広がってゆく。それにしてもここは、南を見ればアフリカ大陸という地中海に浮かぶクレタ島の洞穴の中なのだ。そして『徒然草』を学んだのは半世紀も前の極東の国でのことなのに、唐突に浮かび出る人間の記憶の不思議さ。

地上は五月の風が甘くさわやかで、陽光がと

左から、「私も洞窟で生まれたかった」と言うエレナ、デミトリス氏、ゴゴちゃん（中1）、K子さん、著者。

りわけ嬉しかった。

エレナが真剣な顔で母を見上げ、ギリシア語で何か言っている。

「今、何て言ったの？」

私はK子さんに聞いた。彼女はおかしそうに、でも感動した声で答えた。

「私も病院ではなくて、洞窟で生まれたかったですって。」

「すごい。」

私は唸った。手塚理美さんに似たK子さんの顔を受け継いでいる小さな黒髪のエレナの体内に、父親のクレタ人の血が濃く流れているのを感じた。

「ここはクレタだ」

洞穴から這い出ると、のどが渇き切っていた私は、入口に一番近い茶店に皆を誘った。ここは海抜二千メートルを超えるディクティ山の洞窟《アンドロン》と呼ばれているだけあり、ラシティ高原を眼下に一望出来る天空に近いテラスである。風の歌を聞きながら飲んだオレンジジュースは、クレタのおおらかな太陽と、少しばかり大空の味がした。足の下には地下深く、古代からの湿った闇の世界が広がっているのが信じられない程、さわやかな味。石灰岩で出来ているこの島には、洞穴が三千個以上もあると聞く。

山からラシティ高原への出口の峠では、ものすごい強風が吹いていた。現在はもう使われなくなって帆をはずされた大きな風車が並んでいた。以前は村の製粉を一手に引き受けていたそうだ。その下手には広い休憩所があり、夏は座る場所もない程混むという。

デミトリスはステンレスの厨房器具販売の仕事をしているので、島の各地にお得意さんがいる。この休憩所にもデミトリスが納入した器具があって、彼は年二回点検に来るのだ。店の主人とデミトリスとはすぐ機械の話になり、奥へ入って行った。どこからか金髪のほっそりした少女が飛び出してきて、エレナと夢中で遊びだした。

「名前も学年も同じで、仲良しなの」

とK子さん。金髪のエレナと、黒髪のエレナとでも呼ぶのかしら。ギリシアでは男はコスタス、ヨルゴスが断然多く、女はソフィア、エレナ、マリアがとても多い。

「疲れがとれるお茶です」

とK子さんにすすめられて、私達はこの島のお茶を飲んだ。体の芯から休まる感じである。この島をどこよりも愛するクレタの人々は、昔からこの山野でとれる草を、体の要求に合わせてブレンドして飲み、病を癒したり、寛《くつろ》いだりしてきたそうである。今まで、コリントスでもデルフィでも、その土地のお茶を飲んだことはあったが、不気味な洞窟内を緊張して歩いた後のせいか、このお茶を抜群においしく感じた。私がそう言うと、K子さんは喜んで店の奥さんに通訳した。

「今日一日、デミトリスが運転してくれたのだから、お茶代は僕が払う」

と相棒が言う。店の人は、

「いや、あなた達は客人だ。客人からお金はいただかない。」

「日本では、お茶代は年長者が払う習慣なんだよ。」

相棒がこう言うと、アテネの若者達は、それはなかなか良い習慣ですねと言ってそれに従ったのだが、この店の主人は胸を張って言った。

「ここはクレタだ。日本ではない。」

そしてお金をどうしても受け取らなかった。お礼を言ってお別れする時、店の奥さんが私に紙包みをくれた。K子さんによると、

「今日飲んだのと同じ、クレタ島のこの近くでとれたお茶です。飲んで下さい」

とのことだった。

頂いたお茶は、大切に日本まで持ち帰って楽しんだ。セージとカモミールともう一種、名前を忘れてしまった細かい丸い葉の草が入っていた。三種の草のブレンドの仕方で効能が違うそうだけれど、私は気分次第でいい加減にブレンドして、ゆっくり味わった。

香り高い湯気の中にアリアドネの悲しい顔がちらと見えたりする。ゼウスとエウロペの長男で、ミノア王朝、ミノア文明を生みだしたミノス王の娘アリアドネ。彼女はアテネの王子テセウスに夢中になった揚げ句、父の違う兄で迷宮に幽閉されていたミノタウロスを殺す方法を教えてしまう。そんな犠牲を払ったのに、アリアドネはテセウスに孤島ナクソスに置き去りにされてしまった。彼女も娘時代には、父の壮麗な王宮でこんなお茶を捧げられて育ったのかもしれない。

古今東西、世界中の王子達の中で一番スマートな王子様は、クノッソス宮殿の壁画にその姿をとどめている《百合の王子》ではないだろうか。あの引き締まったウエスト。もし

かしたら彼も、朝に夕にこんなお茶を飲んでいたのではなかったか。
クレタのお茶は、四千年近い時の流れをひらりと飛び越えさせる効能もあるらしい。

「あなたは客だ」

ディクティ山の洞窟へ出かけたのは五月二十六日、日曜日だった。その夜はK子夫妻との二度目の晩餐で、クレタでの最後の晩餐となった。次の日曜日までいて下されば、ゼウスが幼年時代に隠れ住んでいたと言われているイディ山の洞窟でも、どこでも好きな所へ案内してあげられるのだがと、デミトリスとK子さんは熱心にすすめてくれた。しかし、私達のギリシア滞在予定もあとひと月を残すだけとなっていた。しかも、北部カバラ、テッサロニキから中部メテオラへの大きな旅の予定もあったので、それこそ後ろ髪を引かれる思いで彼女たちの誘いを辞退した。たった十日間のクレタ滞在、数回の電話とお茶と二度の晩餐とで、まるで生まれてこの方、別々に育ってきた姉妹が再会したような気持ちにお互いがなってしまったのだから、本当に不思議である。

一回目の晩餐は、初対面のデミトリスが車でホテルまで迎えに来て、ひいきのタベルナに連れて行ってくれた。主都イラクリオの中心にある私達のホテルからかなり離れた静かな海辺にあり、観光客らしい人は見当たらなかった。小皿で好きな料理を幾皿でもとれる家庭的な店である。焼魚、フライの魚など、ガラスケースの中に並んでいる実物を見ながら注文出来るし、K子さんにも勧められて、相棒は安心して珍しい料理に初挑戦もした。生うには小ぶりだったが、ギリシア滞在中一回だけ、ここで食べた。（レスボス島のモリヴォスの海辺を秋の朝散歩した時、小舟をつなぐ桟橋から透き通る海中を見下ろして、あの黒いトゲトゲのうにの姿をたくさん見た。ギリシア人は食べないのだろうと思っていた。）

九時頃には土地のお客さん達で満席になった。彼等は十人位集まって食事となると、一わたり飲んで食べ、そのあと皆で賑やかに歌いながら、延々と踊る。楽しい空気が店中にあふれる。私達のテーブルでも、男達は満足気に食べ、子供達は遊びながら食べた。この夜は御夫妻の下の娘二人、中一のゴゴちゃんと小一のエレナが一緒だった。上の二人は学年末テスト直前で大変らしかった（内申書が物を言う受験制度なので）。そしてK子さんと私は、もう信じられない程お喋りを続けた。

平均年一回、家族が日本から来る時以外は日本語を話すチャンスのないK子さん。そのうえ二時間位で現在までの自分達を語ろうとするのだから、私達はもう必死である。

「喋ってばかりいないで食べて下さい。皆が食べないと僕が食べて肥ってしまうよ。」

すでに充分肥ってしまったデミトリスが何回も繰り返して悲鳴のように抗議の声をあげたが、効果はなかった。

二回目のこの夜の晩餐では、私達は白い御飯を食べたくなり、中華料理店に案内してもらった。

「今夜は僕に払わせて下さい。こんなにお世話になったのだから。いいですか。約束しましたよ」

と、相棒はお店に向かう車中、K子さんに繰り返し念を押していた。私達だけでは、地図を書いてもらっても判らないような道の奥に、立派な門構えの中華料理店があった。酢豚風の皿、海鮮料理、懐かしい単純な野菜いためなど、デミトリス夫妻はワインを飲みながら、私達は久々に中国茶を飲みながら、食べてはまたお喋り。

K子さんは勿論、日本生まれの日本育ち。大学の卒業旅行に友人と二人でヨーロッパを回っていて、ロードス島で彼に出会ったのだという。私達は新鮮な驚きを隠せなかった。一九九六年、アテネには、ギリシアの男性と結婚した日本女性が四十人近く住んでいるという。彼女達は殆ど、彼等が船員、または船会社の日本駐在員、又は技術者として来日中に知り合い、結婚したと聞いていた。ところがK子さんは、エーゲ海のバラ＝ロードス島の、あの中世の十字軍、聖ヨハネ騎士団が心血を注いで築いた城壁の中の石畳の道で、デミトリスに出逢ったのだった。

彼は多分、今の半分位の体重で、古代ギリシア彫刻の青年のようだったに違いない。そして彼女の東洋的な優しい顔や声、まっすぐな黒髪が、彼の心を運命的に捉えてしまったに違いない。しかしK子さんは、軍人だった父上がうんと言って下さるまで三年かかり、その上ギリシア正教に改宗して、やっと十七年前に正式に結婚出来たのだという。若々しい眩《まぶ》しいような話を聞いた。

ずっと反対してきた父上が最後に言われたそうだ。

「親というものは、娘が死ぬまで側《そば》で守ってやることは出来ない。だから、彼と結婚して本当に幸福になれると思うなら、いいだろう。」

その父上は、現在十五歳のK子さんの長男がクレタで生まれた日に、山梨の自宅で他界なさった。自分の死を妊娠中のK子さんに絶対知らせてはいけないと言い続けられたそうである。

彼女は日本の父の命日に生まれた長男を父上の生まれ変わりだと信じていて、父上の名前をそのまま長男の日本名にしている。多分性格が日本の父上に似ているのだろう。外見からは、大きな輝く青い瞳、彫りの深い顔立ち、すらりとした体躯は純粋のクレタ人で、日本の血は一滴も入っていないように私には見えたけれど。

彼女はデミトリスと力を合わせ、一日一日、より充実した家庭を築こうと努力を続けているのがよく判る。この姿勢こそ、真の幸福と呼べるものだと思う。彼の故郷が空港のない山奥でなく、豊かな自然に恵まれたクレタ島で、しかも空港のあるイラクリオ近くで良かったと私は思った。クレタ島在住の日本女性はたった二人だけで、もう一人はイラクリオからずいぶん遠い西の方に住んでいるそうだ。K子さんは会ったことがないと言っていた。

海に面した広い窓の左手に見えていた月がゆるやかに歩み、右手に隠れ始めて、いつの間にか海の香《か》がしのび込んできた。相棒が勘定に立って行き、困った顔で戻ってくる。

「K子さん、約束が違うじゃないですか。」

デミトリスと顔を見合わせ、笑って何か言い合っていたK子さんが説明する。

「クレタはどこよりも客をもてなす島なのです。でも、店の主人が受け取るなら、払って下さってもよいと彼は言っています。」

相棒は再び試みた。しかし店の主人は胸を張って、

「あなたは客だ」

と繰り返し、頑として彼の支払いを断った。

Ⅵ

アトレウス家の女たち

クリュタイムネストラ

ギリシアとトロイの双方が国の命運を賭けたあの戦争（トロイ戦争）の時、ギリシア軍総大将アガメムノンとしては、たとい最愛の娘を神に捧げなくてはならないにしても、絶対に勝たねばならなかった。かつて「軍国少女」だった私は、国のために十年も戦い続け、遂に勝利を手にしてやっと帰国した夫をその夜に殺してしまったクリュタイムネストラは、許し難い女だと思っていた。

しかし、日本の敗戦で軍国主義の夢から醒め、やがて親になって、だんだんクリュタイムネストラの気持ちが分かるような気がしてきた。〝祖国の勝利が何だ。自分の娘の方が大切ではないか。父たるもの、むしろその地位を捨て、国を捨てても娘を守り通すべきではないか。何物にも代え難い娘を捧げるなんて、断じて許せない。まして、あんな妹ヘレネの奪還のために戦うなんて、何と愚かなこと〟と彼女は思い続けたのだろう。娘のイピゲネイアが父の窮状を救うためにすすんで命を捨てようとしているのを知って、断腸の思いだったに違いない。

夫が出陣したあとアイギストスを愛したのは、わが娘を犠牲にした夫への復讐だったの

ミケーネの王宮跡

シュリーマンが黄金マスクその他を発掘した円形墳墓Ａ

かもしれない。絶対に許せないと思っていたクリュタイムネストラに対して、歳を重ねるにつれて私の気持ちは微妙に変わってきていた。

一九九五年十二月、からりと晴れた冬空の下、ナフプリオ発の私達のバスはミケーネに向かって進んだ。人けのない田舎道の両側にユーカリの並木が見えてきた。

「シュリーマンがアガメムノンのものと信じた黄金のマスク発掘のあと、狂喜のうちに通ったあのユーカリの並木道だよ。」

相棒が二十三年前と同じ感激に捉えられて言う。私にとっては初めての夢の道だ。たとい当時の、そして後世の学者達に何と酷評されようとも、シュリーマンは自分の力で「夢を

モントリオールからのカップルと、ライオンゲートの下で。彼等はエピダウロス、ミケネ、コリントと行く先々で顔を合わせ、同じガイドブックを読んでいたので仲良しに。相棒が初めてこのゲートを仰ぎ見た23年前に、この青年は生まれたという。

掘りあてた人」であり、長年私の憧憬の的だった人。彼と同じユーカリの並木道を通れるなんて最高。生きていて良かったと心から思えた日だった。

大部分が前十四〜十五世紀に作られたという巨石を積み上げた城壁が、外周九百メートルのミケーネの山城を囲んでいる。その壁の厚さは三メートルから八メートルにも達するそうだ。神話によれば、ゼウスとダナエの息子ペルセウスが、額の真ん中に一つ目のある巨人工匠キュクロープス一族の助けを借りて、この城壁を建造したという。たしかに、古代神殿の破風《はふ》の彫刻や、物語に出てくる巨人族が実際に存在して、この城壁を作ったとしか思えない。ここに積まれた巨石は加工されていないし、切り揃えられてもいないのだから。

そして主城門は有名なライオンゲート。巨大な切妻壁に浮き彫りされた二頭の向かい合った雌ライオンが、門を通る人々を威圧する。この切妻壁は一枚岩で、底辺が四メートル近い。その下のまぐさ石は横の長さ四・五メートル、幅約二メートル、総重量は二十トンとか。それなのに、この壮麗であくまで堅固な王城の主、「諸王の王」であったアガメムノンが、一夜にして妻とその愛人に討たれてしまうのも、人間の命運のはかなさがずっしり心に残る結末だ。

いつの世のことか判らないが頭部が失われてしまった二頭の雌ライオン。それでも全身に力を漲《みなぎ》らせて三千数百年間この城門を護ってきたライオンの下を通り抜けると、右手に黄金マスク始め数々の精巧な黄金細工が出土した王族の円形墳墓Aがその全容を見せる。シュリーマンはアガメムノンとその一族のものと信じたのだが、実際にはそれよりずっと古い時代、前十六世紀のものだそうである。現在、アテネの考古学博物館で、この墳墓からの出土品の数々が展示されている一室は人気を誇っているが、特に金製装飾品の量の多さと技術の高さは驚嘆すべきものだ。

一八七六年、少年時代からの夢を掘りあてたシュリーマンの感激を思いながら、円形墳墓Aを壁に沿って巡る。それから、石を敷きつめた王道を王宮の入口まで登っていく。広い王宮跡に立つと、はるか遠くに海を見下ろせる。前十六世紀頃の人々は現代の砂漠の民のように遠目が利き、海上の船がエジプトからのものか、クレタからのものか、この王宮から判別出来たのだろうなどと思いながら、東の突端部の隠し門まで進んで行く。

何より私が驚嘆したのは、クリュタイムネストラの殆ど完璧な姿が残るアーチ墓だった。長さ三十五メートル、幅五メートルの通路の先に大きな門があり、前十四世紀の円天井のついた王家の集合墳墓だったらしい。自分の息子オレステスに「父の仇」と殺害されてから何千年が過ぎたのだろうか。直径十三メートルもある円形墳墓である。最近修築された円天井の最高部は、高さ約十三メートル。その円天井のカーブに合わせ、帯状の切り石をすき間なく積んだ見事な墓である。そして近くには、彼女と一緒に殺されたアイギストスの墓もあった。今は傷《いた》んでいるが、埋葬された当時はアガメムノンの墓と全く同じ工法で造られている。日本にいて夢想も出来ないことだった。

アイギストスにとってアガメムノンは、父親テュエステスの仇である伯父アトレウスの息子だった。父の兄アトレウスは、アイギストスの兄達を殺してテュエステスをもてなす食卓に出したのだ。アトレウス一族は本当に呪われた運命を背負っている。アイギストスがアガメムノンを剣で突こうとする陶器画もあるし、怨みの眼光鋭いクリュタイムネストラが剣を握って夫に向かう陶画もある。

しかし、彼女やアイギストスの墓の立派さは一体何を物語っているのだろうか。二人の墓といわれている円形墳墓がこれ程堂々と造られているのは、彼等の生き方が当時の人々に支持されないまでも、抗《あらが》えない運命に従ったまでと考えられたのかもしれない。

ミケーネの遺跡から遠ざかるバスの中で、英語の巧みなガイドさんが窓外の連山を指して何に見えますかと尋ねた。答えは予想通り、アガメムノンの上を向いた顔。死んでも山になって横たわり、ミケーネを守っている顔とのことだった。

アガメムノンが山となり、昼は太陽に真っすぐに顔を向け、夜は邪気の侵入を見張って祖国を守り続けているのならば、王妃の方はどうしているのだろう。

彼女も、まるで堅固な塔のような墓のあたりで、しっかりとミケーネを見詰めているのだろう。昼間は静かに眠り、物見高い人々の去った夜、昔の王妃の衣に身を包み、明るい月光を浴びながら、先祖達の円形墳墓A、円形墳墓Bを回り歩き、遠い各国の美術館に持ち去られたミケーネの黄金の日々の宝物に思いを馳せ、自分に刃を向けねばならなかった息子を許す気持ちになっているのではないだろうか。けれど、娘を犠牲にした夫や、義弟であるスパルタ王でヘレネの夫メネラオスのことは、三千数百年の時が流れ去っても決して許すことが出来ないでいるに違いない。

こわれかけてはいるが、アイギストスの墓もちゃんと残されているのに心動かされた。

アトレウス家系図

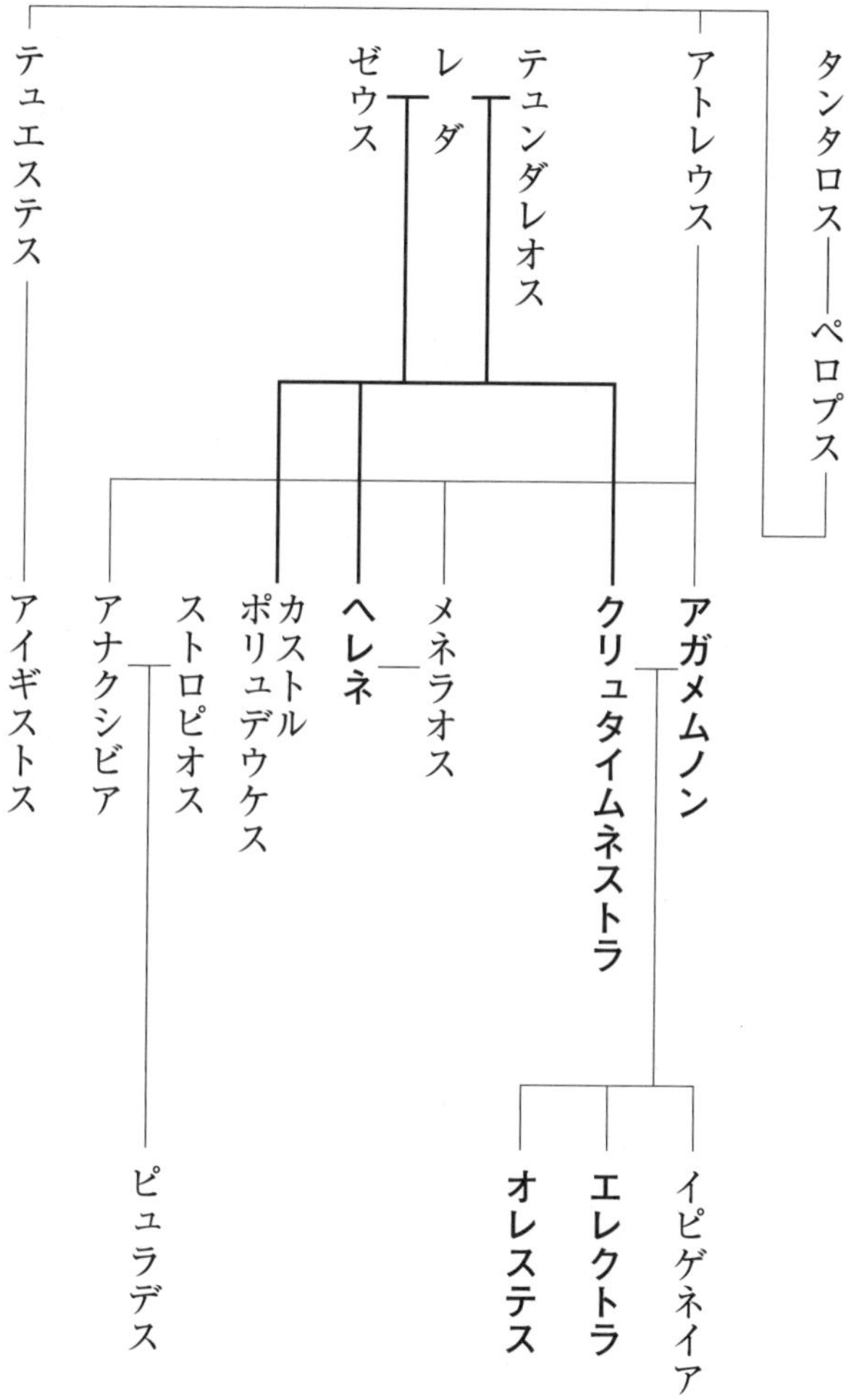
タンタロス
ペロプス
アトレウス
テュエステス
テュンダレオス
レダ
ゼウス
アガメムノン
クリュタイムネストラ
メネラオス
ヘレネ
カストル
ポリュデウケス
ストロピオス
アナクシビア
アイギストス
イピゲネイア
エレクトラ
オレステス
ピュラデス

『女　熊』

小鳩や野兎を胸に抱いた少女の彫像はとても可愛い。アテネから日帰りで訪ねることの出来るヴラヴローナの博物館でそんな立像に出会うと、思わず息をのみ、立ち止まる。題は《女熊》とあった。どうしてこの愛くるしい少女が女熊なのか、初め全く分からなかった。エーゲ海を見下ろす丘陵地の広い林が狩の女神アルテミスに捧げられた神域で、古代にはアルテミス・ヴラヴロニア詣でというものがあったようだ。この丘の奥の方に建てられた、訪ねる人もまばらな国立博物館に、この地で発掘された出土品が展示してあった。

横向きに並んで腰掛けているゼウス、レート、アポロン、アルテミスの浅浮彫はすばらしく美しい。前五世紀のものという。この四神はどの地の像も優れて美しいが、さすがアルテミス神殿の出土品だけあって、アルテミスの像は特に知的で、しかも温かい表情に彫られていた。そして、ほぼ完全な姿で出土したこの愛らしくも悲しい《女熊》達の像を見て、私はイピゲネイアは最後にアルテミスに救われたという伝説を信ずる気持ちが強くなった。

十万のギリシア軍がトロイアに向け出陣しようと意気込み、アウリスの入江に集結していた。しかし待てど暮らせど風は起こらず、一千の軍船がむなしく待機。やがて食料も乏しくなり、士気も落ち始める。軍船は嵐によってアウリスの入江に吹き寄せられ、それでもなお強風はやまなかったという説もある。アガメムノンは神に戦勝を祈願する。彼はギリシア軍の総大将としてトロイと戦い、弟メネラオスの名誉のためにもヘレネを奪い返さねばならなかった。

神から、彼の長女イピゲネイアを生贄《いけにえ》に捧げよとのお告げが下る。

賢いイピゲネイアは祖国と父との窮地を知り、運命を受け入れようと心を決める。しかしクリュタイムネストラは断じて肯《がえ》んじない。アガメムノンは卑怯にも、娘の婚礼のためと騙して、遠いミケナイの地から彼女達母娘を呼び寄せたのだ。船団が身動きがとれずにいるアウリスまで。この戦《いくさ》がヘレネ奪還のためならば、そして神が生贄を求めるというのであれば、ヘレネの夫メネラオスには二人の娘がいるではないかとクリュタイムネストラは考えたことだろう。

十年後の凱旋の夜の王妃によるアガメムノン殺害は、このアウリスでの不幸な事件が主原因とされてきた。

日本にいる間私は、何世紀も悪女の代表にされてきたクリュタイムネストラに同情的になっていた。男達の大義名分のためにわが娘を犠牲にするなんて、許せるわけがないと。イピゲネイアについては、その生死に関して諸説があると聞いてはいたが、義経＝ジンギスカーン説ほどのものと思っていた。

犠牲の祭壇の前で父の刃が娘の首にふれた瞬間、娘の姿はかき消え、神前には牝鹿の死体が横たわっていたとか、また最後にアルテミスはイピゲネイアを憐み、自分が保護していた大きな雌熊を身代わりに神に捧げ、彼女はクリミアへ運ばれたという説もある。

エウリピデスの『タウリケのイピゲネイア』によれば、彼女は二十年もの間異民族の国タウリケ（クリミア）で神に仕えつつ、ギリシア軍の戦勝のことも、父の最期も知らずに苦しい日々を過ごした後、アルテミス女神の聖像を持って脱出に成功、ヴラヴローナの地に女神の聖域を創設したという。

たしかにヴラヴローナの地にアルテミス神殿はあった。イピゲネイアは死ぬまでここで女神に仕え、近くの岩の窪地に彼女の墓があるという。その墓を探す時間がなかったのが心残りである。この神殿では若い巫女《みこ》たちによって祭事が行なわれてきたが、彼女らは七歳で女神から聖別された少女たちで、《女熊》と呼ばれ、サフラン色の衣をまとっていたと伝えられている。

ヴラヴローナ博物館にひっそり展示されている《女熊》達の彫刻は、あどけなく美しい。

彼女達がいつの時代までイピゲネイアの仕事を引き継いでいったものか、私には判らない。しかし哀れなことに、イピゲネイアが救出されたことを、神ならぬクリュタイムネストラは露知らなかった。息子の刃に斃《たお》れたその時も、彼女の目には、夫によって神に差し出された娘の清らかな姿が見えていたことだろう。

Ⅶ

思い出す食べもの

南の島のタベルナで

アテネ同様東京でも、五月に空豆の季節が巡って来ると、クレタ島の東南海岸にあるイエラペトラ村の食堂《タベルナ》で見たお隣のテーブルを思い出す。クレタの赤い太陽の滴《しずく》が詰まっているような真っ赤なトマトと、一山の空豆の莢《さや》が置かれたテーブル。夕方七時前だったから、かなり広い店内には、私達とそのテーブルを囲んだ三人の男達だけだった。

地中海に浮かぶギリシア最大の島、クレタ島。輝かしいミノア文明の遺跡は、北海岸や東海岸そして中央部に多く発掘されている。この島の東南海岸にある人口八千七百強のイエラペトラ村はヨーロッパ最南の村で、海の彼方はアフリカ大陸のリビア砂漠と聞き、行ってみることにした。クレタ島の主都イラクリオから乗り継げば、バスの便がある。ナポレオン・ボナパルトがエジプト遠征の帰途、この村で一夜を過ごしたという。

一階はみやげ物店、二階からホテルという小さなホテルに泊まる。とても知的な感じの美女がフロントで受付をしながら、中一ぐらいの娘を横に座らせて真剣に勉強を教えていた。五月の末、ギリシア全土学年試験の最中で、イラクリオの知人宅でも高校生は客と夕食を楽しむ時間など全くなかった。

翌朝、ホテルの部屋から、懐かしいような風景が見えた。中学生達がそれぞれ、ノートやメモを片手に、一生懸命暗記をしながら、学校への道を歩いていた。南の島の南の海辺に広がる、のどかな空気に満ちたイエラペトラ村でも、子供達も親も、学年試験は大変なものだと知った。

夕食は、土地の人がよく行く店をホテルで教えてもらった。レスボス島やアポロ海岸で見なれた特徴ある樹形の御柳《ぎょりゅう》が育っている砂浜を歩いて行く。海辺の屋根の低い店だったが、入ってみると広い。注文をとりに来た男に英語でいいですかと聞くと、

「ちょっと待って。この店には立派な英語の先生がいます」

と、胸をたたいて引っ込んだ。何のことかなと考えていると「ハロー」と日焼けした男が勢いよく出てきた。鉄人衣笠にそっくりなのでびっくり。彼は、英語の先生より大人が集まる店の方が性に合っているのでこの店で働くことにした、と朗らかに言う。色々尋ねて注文し、島では珍しく、ギリシアコーヒーではなくネスコーヒーも飲めて満足したことは覚えている。しかし何を食べたか、全く思い出せない。ただ隣の食卓のことは鮮やかに目に浮かぶ。

日本の、会社帰りに仲間でビールを一杯という感じで、四十代前後の男達が三人程、大きな木のテーブルを囲んでいた。ギリシアでは郵便局も銀行も二時に閉まる。人々は昼寝

に帰宅。個人商店は夕方六時頃から再び店を開けるけれど、公務員等は二時で一日の仕事は終了だから、日本の八時九時まで働いてやっと一杯飲めるという人々よりずっと気楽な暮らしである。彼等が楽しげにわいわい話している所へもう一人現われ、たった今畑からもいできたらしい、小ぶりのトマトを数個、テーブルに置いた。三メートル以上離れているのに、トマトをもいだ時の特有の青臭さが漂ってくるように思えた。間もなくもう一人出現。親しげな会話で迎えられて卓に着くと、これ又いかにも瑞々しい、白い産毛が見えるような空豆の莢を十五、六本、ポケットから出してトマトの横に置いたのだ。

空豆好きの私達は、アテネで思う存分この豆を食べた。一キロも二キロも買い、飽きもせず食べた。日本のものより莢が長くて、七粒から十粒も、粒揃いが入っている。何しろ安い。ライキ市場では最高級品でも一キロ二百五十円位、少し固くなり莢に艶のないものは一キロ百円位だったろうか。東京の五分の一以下の値段。ライキ市場では、生産者が早朝畑から採ったものを莢ごと山と積んで、バケツで計って売っている。昼頃には売り切れるのだから、ギリシア人も空豆好きなのだと思うが、どう調理して食べるのか、聞いてみた事がなかった。前十六世紀頃のティーラ島の出土品として、空豆ときびの焼けこげたものが残っている炊事道具が博物館に展示してあった。その頃から人々はすでに、この豆を加熱して食べていたらしい。

隣の卓ではウゾ（焼酎）かビールかレツィーナ（松脂入りぶどう酒）を飲みながら尽きぬ話に興じている様子。おつまみは小魚のフライやあの赤いトマトをかじっているに違いない。でも、あの空豆はどうするのだろう。茹《ゆ》でるように頼んだ気配はない。人の背に遮《さえぎ》られて手元は見えないが、気になって仕方がない。食事が終わった私は、とうとう隣のテーブルに行った。

「そのお豆、どうするのですか。私は日本人で、日本ではこの豆を茹でるか、煮るかして食べるのですが……。」

「僕達はこのまま食べる。おいしいよ。食べてごらん。」

想像した通り、彼等はお喋りをしながら、莢から出した豆を皮をむいてそのまま口へ。多分、もいでから三十分も経っていないのだろう。つややかな鶯色の空豆を、生まれて初めて生で食べた。案じた青臭さはなく、さっと塩茹でしたものと味は大差なかったが、彼等の至極楽しそうな食べ方を知って満足だった。

今でも耳を澄ませば、イエラペトラの海辺のタベルナで大きな木のテーブルを囲んでいた男達の、楽しいお喋りの声が聞こえるような気がする。ギリシアでは特に、都会でも田舎でも、仲間同士のお喋りがベスト・ソースに違いない。

北の街の朝食

北部ギリシア・マケドニア地方の、大樹に囲まれ白鳥が遊ぶ絵のように美しいカストリア湖。湖面に突き出た半島の付け根に位置する毛皮産業の町カストリア。この小さな町に、かつては七十五もの教会があったという。今でもビザンチンやポスト・ビザンチン時代の見事な教会が五十ほど残っている。それらの教会の半分崩れた壁に残るフレスコ画に、旅人は惹きつけられる。

『静かな湖畔の森の陰から』の歌が聞こえてくるような高台のホテルに泊まった。がっしりした木造。日本の高原の古い温泉宿の感じ。玄関から磨かれた板張りの長廊下を歩いて部屋に案内される。大きな木枠のガラス戸ごしに、老松の枝の間に青い湖が見下ろせる。

未知の土地では大抵、泊まったホテルの人とお喋りする習慣の私も、ここではその気力と時間が残っていなかった。街で偶然、自分の教室の展覧会を開いていた女性画家と出会って、長時間話し込み、疲れてしまった。

翌日はホテルの朝食時に一緒だった老紳士に誘われ、夕方街を案内してもらった。彼は第二次大戦に続く辛いギリシア内戦をこの地で戦った孤独な老戦士だった。老戦士は、数年前に夫人を亡くしてから、邸を処分し、ホテルの一室で暮らしている。夫人のことに話が及ぶと、忽ち両眼に涙が溢れ出てきた。貴重な彼の体験を聞きながら一緒に湖畔で夕食をとり、夜が更けていった。

この由緒あり気なホテルの若主人は、朝食もとらずに出発する私達を愛犬アルゴスと一緒に見送り、タクシー運転手にギリシア語でしっかり行先を言ってくれた。彼と話し合う時間がなかったのはとても心残りだ。カストリアからイヨアニナへ直通バスはない。途中乗り換えて一日一便しかないという人と、二便あるという人と二派に分かれ、実の所はよく判らない。どちらにしろ乗り遅れたら大変。朝七時半にカストリア駅始発バスに余裕をもって乗車するため、高台のホテルからタクシーを頼み、まだ朝もやの中に眠っている街を後にした。

走行二時間、乗換駅ネアポリに着いてみると、待ち時間が一時間半もある。バスを待つ老人や婦人達はベンチで持参した黒パンを食べている。日本のお握りと同じだなと思う。昨日まで名前も知らなかった街。そして再び来ることはないだろう街。朝食をとり、出来るだけ街を歩いてみたいと思い、まず目についたカフェに入って朝食を注文。すると、

「この店は飲み物だけ。サンドウィッチはないわ」

と、中年の女性がわざわざ奥から出てきて、朝食を出す店まで一緒に歩き、親切に案内し

てくれた。

その小さな店の小さな椅子からはみ出して、三人の男達が座っていた。皿を前に、いかにも楽しげに大声で語り合っている。こちらは急いでコーヒーとサンドウィッチを注文し、席に着く。ちらりと男達の皿に目をやると、三人とも同じで、おいしそうなトマトの他に二品と、黒パン一切れが載っている。皿の上の赤いトマトが目に入った途端、私はサンドウィッチを取り消し、

「あれ下さい」

と彼等の皿を指差した。男達がにこにこして私を見たので、勇気を出して、トマトの横のものは何ですかと尋ねてみた。やさしい目をした大柄な男が、

「ほら、あれ、何だっけ」

と仲間達に聞き、ギリシア語でワイワイ、ガヤガヤ。やっとズッキーニという単語を思い出してくれた。薄くスライスして空揚げにしてあり、おいしかった。

「その横は魚《フィッシュ》」

と指差して教えてくれる。それが小鰯《こいわし》という事は私だって分かるのに。でもこれはアテネではまだ食べた事のなかった品である。能登の小糠鰯《こんかいわし》に似て、なかなか乙な味だった。

その皿と一緒に、水の入った大きなグラスと小さなグラスが運ばれてきた。早とちりの

私は、大きい方は相棒のものだと思い、小さい方をゴクリと飲んでびっくり。頭にツーンと来てはっと気がついた。これはギリシアの人々がレツィーナ（松脂入りぶどう酒）と共に愛してやまないウゾだった。大きなコップの水に注ぐと忽ち白濁する。すべての料理をおいしくすると彼等が自慢する日本の焼酎のようなもの。見知らぬ町で新鮮なトマトにつられて私が頼んだ皿は、そのおつまみだった。

三人の男達は、二十年ぶりにボストンから帰郷したというやさしい目をした白い顔の大男（道理で英語が上手）と、日焼けした土地の幼友達が、再会を祝しているところだと、全然尋ねもしないのに教えてくれた。まるで昨日までこのあたりを一緒に走り回っていたかのようで、楽しそうだった。

店を出た途端、見知らぬ男が寄ってきて、並んで駐車してある日本車を指し、

「日本とギリシア、仲良し」

と英語で話しかけてきた。お喋り大好きのギリシア人は、大人でも子供でも未知の人と会話したくて、ほんの少しでも英語が出来ると話しかけてくる。いつもなら喜んで相手をする私達だけれど、この日だけは別。バスに乗り遅れたら一大事なので、心ならずもいい加減な返事をして、さよならを言って駅へ急いだ。

さくらんぼ

メツォヴォは中部ギリシアの山の中。ギリシアで一番標高が高い自動車道が、イピロスとテッサリア地方の境界をなす一七〇五メートルの峠を通っているが、その峠の麓に位置している。奇岩の上に建てられた修道院群がユネスコの世界遺産に登録され、日本人観光客も多いメテオラから、更に西方七〇キロの地にある民族色の濃い山村だ。

狼や熊が生息する樹齢数百年のブナやモミの森が現代のギリシアにもあるのだと、初めて知った。そんな深い森に囲まれた山の斜面に、階段状に木造家屋が建っている。夏は涼しい避暑地で、冬はウィンタースポーツの中心地となる。驚く程大きな三階建ての木造ホテルが並ぶ。

大理石のパルテノン神殿をはじめ、一般の住居の柱、床、テラス、そして歩く道まで石ばかりの乾いたアテネから来ると、メツォヴォは別世界。相棒は「昔の蓼科だ」と言う。残念ながら私は、昔の蓼科も高山も知らないけれど、音に聞く日本の《飛騨の匠》と同じくらい優れたわざを持つ立派な匠達が今も活躍しているこの村の姿に、心底感動してしまった。

ホテルの、彫刻のある大きな木の扉を開くと、天井も柱も壁も床も、机も長椅子もみんな木製。その上に、村の羊の毛で織り、鮮やかな色彩の刺繡をした壁かけ、テーブルクロス、クッションが並んでいる。森の中の村なのだから当たり前なのだけど、木の引戸、窓枠、家具調度品等すべて村人の手づくり。長い冬の間に彫ると聞いた重厚な軽井沢彫りの家具を思い出した。木の部屋は手足にふれて柔らかく、深く休まる心地がした。浴室の扉も木製。そしてギリシア本土で初めてのジャグジーバス（気泡風呂）があり、驚いた。冬の客が多いのだろう。

四方に堂々と枝を広げたプラタナスの大樹が並ぶ大きな広場が村の中心地なのだろう。重なり合う葉の間を通りぬけた緑色の木もれ日が地面にやさしくゆれていた。その奥にアイア・パラスケヴィ教会が静かに立っている。

夕方、その教会の横の小路に、どこからか一台の小型トラックが来て、八百屋さんが店開きした。日本と同じ、二つの箱の上に板を渡して台を作り、採りたてのトマト、太いきゅうり、茄子、葉物類と、さくらんぼの山が二つ並んだ。片方は珍しく《佐藤錦》そっくりだ。

「えっ、これ、この近くでとれるの?」

私は驚いて訊《き》いた。あのなつかしい爽やかな赤と黄色のさくらんぼに、ギリシアで初めてお目にかかった。アテネでも旅先でも、さくらんぼは何度も見たり買ったりしたが、日本で輸入しているカナダ産のと同じ濃いルビー色か紅紫色のものばかりだった。そして、外国だからこの種類が当たり前と思っていた。しかし、少し考えてみれば、西洋と東洋の接点に位置するギリシアである。東洋系の顔立ち、肌色の人が多いのと同じように、東洋のさくらんぼがあっても何の不思議もないのだ。買物にはまだ時間が早いのか、客は一人もいない。ぶつぶつ言って眺めてばかりいては悪い気がした。

「私達は日本から来たの。日本ではこっちのさくらんぼしか出来ません。濃い色の方も輸入して食べるけど。ここではどっちがおいしいのかなあ。」

挨拶のつもりで英語で話しかけた。〝輸入品は安いけど、日本産は高いのよ。両手一杯で三千円もするんだから〟とは言わなかった。ここでは両方同じ値段である。

珍しそうに私達を見ていた彼は、台に飾ってあった《佐藤錦》系の枝を外して、〝うまいぞ。食べてみてくれ〟というように差し出した。一メートル近い、いきいきした濃い緑の葉が残る枝に、赤と黄色のさくらんぼが重い程ついていた。すばらしくおいしかった。輝いている一粒一粒に、樹の恵み、天地の恵みが詰まっているようだった。旅の途中だから一日分にしておこうと思って、両方混ぜて一キロ買った。五百ドラクメス。日本円で二百五十円。ここでも円高の恩恵を感じた。

六月、まだ避暑客は来ないし、庭にさくらんぼの実る家の人は買わないし、この沢山の果実は売れるのだろうか。それにしてもあの立派な枝は風で折れたのかしら。それとも見本に切って来たのかしら。この国にも「桜切るバカ、梅切らぬバカ」というような諺はあるのだろうか。とても聞いてみたかったが、ギリシア語でそんな複雑な表現の出来る通訳が一緒にいなくて残念だった。

幾重にも山に囲まれた丘の上に学校があり、校門前に広々とした緑の原っぱがあった。四方の山から霧が下りてくる。霧の中から教会の鐘が聞こえる。湿ったベンチに座り、三人の少年が取っ組み合い転げ回って遊ぶのを眺めながら、思う存分さくらんぼを食べた。色々な土地で食べたがメツォヴォのが最高の味だった。

六月、桜桃忌（太宰治の忌日、六月十九日）のころ、ヨーロッパの東南端の国の深い山の中の村メツォヴォを、懐かしく思い出す。今でも日曜ごとに村人達が民族衣装を着て村の広場で踊るあの村のさくらんぼは、技術の国日本の《南陽》のような豪華さはないが、何物にも代え難い、引き締まってしかも豊潤な山の精気の味がした。

スイカ（アテネの考古学博物館で）

古代ギリシアの宝が現代のギリシアにあるわけではない。アテネのアクロポリスの丘の上に建つエレクテイオン神殿を支えるコレー（少女）の列柱も、全部複製である。オリジナルの一柱は他の沢山の彫刻と共に大英博物館に展示されている。一九九五年には一柱だけがアクロポリス博物館のガラスケースの中で、見学者に顔を見せていた。パルテノン神殿の御本尊、フェイディアスの作品と伝えられる高さ十二メートルのアテナ女神の巨像は、ビザンチン時代にコンスタンチノープルへ持ち去られたそうである。木製で全身象牙と金で掩《おお》われていたと伝えられている。ローマ人が残したレプリカで、我々は辛うじて想像するばかりだ。十九世紀にミロス島で一人の農夫が自分の畑から掘り出したヴィーナスは、フランス人が搬出したから《ミロのヴィーナス》と呼ばれ、パリ住まい、などなどとギリシア大好き人間の相棒を牽制して色々と文句を言っていた私も、アテネに来たからには、国立考古学博物館で、長年の憧れ――ミケーネの部屋とティーラ島の壁画の部屋――はぜひ見たいと思っていた。

幸い今度の旅は時間の余裕があったので、一回目は主にこれら二つの部屋だけを見る計画で出かけた。真っ先に第四室へ行く。謎にみちたミケーネ遺跡からの出土品が展示されている黄金でまばゆいばかりのこの部屋は、来館者の人気の的になっていた。

《シュリーマンのアガメムノンマスク》と呼ばれている黄金マスクをはじめ、膨大なミケーネの財宝、まばゆい光を放ち続ける金細工の数々（ほぼ完全な形の黄金マスクだけで三つある）、水晶をカットした美しい容器、動き出しそうな蛸が驚くほど細密に描かれている大壺など、アガメムノンよりずっと前の時代のものとのこと。

面の時代などお構いなし。フラッシュを使わなければ写真を撮ってもよいので、世界各地からやって来た来館者達は、黄金マスクと一緒に次々と写真を撮り、古代世界を覗いた

アテナイの赤像式蕚形に描かれたアガメムノンの殺害

ような気分になる。

娘を神に捧げなければならなかったアガメムノンの悲運や、母親殺しの罪を背負わねばならなかったオレステスの苦悩など、深い呪いの家系の謎は、このまばゆい部屋で深まるばかりだった。

そしてもう一ヶ所、中二階には、前十六世紀頃のティーラ島、アクロティリの巨大な壁画が復元されている部屋がある。一九七〇年に発掘されたばかりで、色も鮮やかに残っている壁画。かつて小さな絵葉書をもらって感動した《ツバメ》は、壁一面に広がる赤い百合の花の上を自由に飛び回っている。およそ三千七百年前に描かれたツバメ達の生命感あふれる姿に言葉を失ってしまう。このツバメの絵葉書は何度か日本の知人からリクエストがあって、日本まで飛んで行った。有名な《ふたりの少年のボクシング》は、日本の教科書で見たことのある絵だ。明るい空色の目、引き締まった褐色の身体の若者が沢山の魚をひもに通して両手にさげている《漁夫の帰宅》。この絵が私の心を捉えるのは、彼の目の空色こそ、壁の上を楽しそうに泳ぎ回っているイルカ達の海、あのイカロスが沈んでしまった当時のエーゲ海の色に思えるからかもしれない。（イカロスはギリシア神話中の人物。父ダイダロスの考案した人工の翼で、幽閉されていたクレタ島の迷宮から脱出を図るが、高く飛翔したため太陽熱で蠟が融け、エーゲ海、サモス島の西にある島の近くの海に落ちて死んだ。その島は現在、彼の名をとってイカリア島と呼ばれている。）そしてこれらの絵は、私には、クレタ島のクノッソス宮殿のものとどうしても区別できない。紀元前一五〇〇年の火山の噴火で埋没してしまったというティーラ島の都市アクロティリは、日本の考古学者も加わって、現在も発掘が続けられている。

しかし、目的の部屋に着くまでに、何と多くのものに気を引かれてしまうことか。例えば、巨大な青銅のポセイドンやパリスが立っている。アルテミシオの沖合で二十世紀初頭に発見されるまで海底で眠っていて、殆ど無傷である。どこに運ばれる途中だったのだろうか。その片隅には、荒れ狂った馬をしずめているエジプト人かと思えるアフロヘアの精悍な若者のレリーフ。こちらの壁には女神達の中で私が一番好きなデメーテルが、娘を従え、エレフシスの王子に麦の穂を手渡している。あちらの部屋にはプラトン、アリストテレスの胸像があり、ふと気がつくと美女の顔で鳥の体のシレーヌが見下ろしている。紀元前の魂に呼ばれ、誘われて、結局部屋から部屋へ、歩き回ってしまった。

ぐったりして喫茶室に辿り着いた。水でもグリークコーヒーでも、何でもよいから飲まなくては目が回ってしまいそうだ。窓辺の椅子に座り込み、中庭のオリーブの樹がぎらぎら輝く太陽に照らされ、その細かい無数の銀色の葉がまるで炎熱を喜ぶかのように輝いているのを見て、つくづく〝異国だ〟と溜め息が出た。

「どうぞ」

日本では暑いのが大嫌いだった相棒が、疲れた様子もなく、大きなスイカ一切れを載せた皿を運んできてくれた。水分たっぷりで、甘くおいしかった。一九九五年九月十五日、ギリシアで初めて大好物のスイカを食べた記念すべき日。

一切れ七百ドラクメスならコーヒーやアイスクリームより高いかなと気になったが、相棒に後で聞くと五百ドラクメスだったと言う。ともかく、博物館の赤いスイカは日本のスイカと同じ味で、心にしみわたり、疲れを癒してくれた。

考えてみればアフリカ原産のスイカがギリシアにあるのは当然のことなのだ。あのティーラ島の壁画の漁夫やボクシングの少年達も、甘いスイカを食べたのかしら。ギリシア神話には色々な花や木が登場するけれど、スイカはどうだったかしら。

テッサロニキの道端で

ギリシア第二の都市で「北の都」と呼ばれるテッサロニキを中心に、ギリシア北部を回る旅に出たのは六月中旬で、連日炎天下の移動になってしまった。

マケドニア地方の主都テッサロニキは、前三一五年にマケドニアの将軍カッサンドロスが、古代都市テルミの地に建設した。彼はアレクサンドロス大王の異母妹である妻のテッサロニケの名をこの都市に付けた。

現在は海岸に沿って広く長い遊歩道が続いている。街の中心は海に面したアリストテレス広場。もう半世紀も前の学生時代に、歴史上の人物として私の目の前を通り過ぎて行った人々の名前が、今日のギリシアの街角や道路や島に生き続け、親しまれていることを知り、この二千年の歴史が日本にいた時には考えられない程短いものに感じられる。

街は急な坂を登って広がっていったのだろうか、一番高い所に、ヘレニズム時代の土台の上に四世紀末に建造された城壁が残っている。勿論、十四世紀にはビザンチンによって、更に十五世紀にはヴェネツィアの技師によって改築されている。

その日は、ホテルの前のアリストテレス広場からタクシーに乗り、階段状に重なるテッサロニキの街全体とその先に広がる海とを一望出来る城壁まで行った。ザックを背負い、汗水たらして登ってくる外国の若者達、車に相乗りしてくる老人グループ、地球上のいろいろな場所からいろいろな思いを抱いてやってきた人々が肩を並べ、この長い歴史をもつ街と海とを見下ろしていた。

オシウス・ダヴィド教会を始め、数々の由緒ある教会を訪ねながら、石の道をだんだんと下って行けば楽だろうという計画だったが、六月の陽光は予想以上だった。その上、やっと訪ねて当てた教会で、拝観は午後五時からと言われたり、別の教会では閉ざされた門扉の上に〝月、金だけ開放〟と貼り紙があるだけ。細い坂道は曲がりくねり、行き止まりになったりする。汗を拭いているうちに方向が分からなくなってし

中央がアリストテレス広場。ホテル・オフィスのビルに囲まれている。

まう。半分位下ったところで洒落た店を見つけ、アイスティを飲んで元気をとりもどすが、又下り始めると忽ちのどが乾くといった具合。

街路樹の下に、日本のリヤカーのような車にスイカを積んで売っている男がいた。旅の途中である。どんなに食べたくても大きなスイカを一個買うわけにはいかない。小さいものはないかと近付いてみると、皿の上に大きなスライスが並んでいる。喜んで、大きそうなのを二切れ指さし、売って下さいと頼んだ。その人は無造作に二切れ手渡してくれた。

「ポソ　カニ（おいくらですか）」

と聞く。帽子も被らず、真昼の太陽に平気で焼かれながら、彼は手を振って、

「ティポタ」

と言った。英語のナッシング。日本語にすれば「いらないよ」になるだろうか。

私達は有難くいただき、近くの木陰で立ったまま食べた。水分たっぷりでとても甘く、生き返る心地がした。果物も肉も魚もキロ単位、一個売りが基本の国である。後で考えれば、切ったスイカは多分、試食用だったのだろう。

気前のよいスイカ売りの小父さん、本当にごちそうさまでした。彼を思い出す度に、私達も外国人観光客に、どんな小さな事でもいい、お茶を一杯差し出すだけでもいい、やさしくしてあげたいものと思う。

青々と美しい街路樹の続くテッサロニキの街並や、毎夕必ずアリストテレス広場に集まってきて遊ぶ子供達、その広場を囲むベンチで海風に吹かれながらゆっくり時を過ごす大人達が目に浮かぶ。そして陽が沈む頃、大人も子供もきちんと外出着に着がえ、家族が連れ立って海沿いの遊歩道を散歩していた光景などとともに、ギリシア人の「もてなし好き(フィロクセノス)」を懐かしく思い出す。

ライキのスイカ

ライキ・アゴラは直訳すれば「人民市場」。函館、輪島、高山の朝市は有名だが、その朝市のようなものである。生産者が自分の収穫物を直接運んできて売るのだから、新鮮で、おいしくて、安い。人々は短くライキと呼び、週一回開かれるので、ここで一週間分の食料を買う人が多い。朝は八時頃から店が並び始め、昼過ぎには売り終わった店から片付け始める。そしてシエスタ（昼寝）の始まる二時半頃にはすべての店が跡形もなく片付き、掃き清められ、五、六階建てのアパートが左右に続くいつもの道に戻っている。

私達が借りていたアパートはアテネ旧市街の南端にあり、その地区では月曜日がライキだった。ある決められた道の両側に種々さまざまな店が百メートルくらい並ぶ。色とりどりの華やかな切花店、鉢花や植木の園芸店、衣類、アクセサリー、食器、布地などの店もあるが、何といっても中心は生鮮食品。一番威勢のよいのが魚屋さんで、ギリシア語なのに、かけ声の調子は日本とそっくりで、日本語に聞こえるからおかしくなる。

「いらっしゃい、いらっしゃい、さあいらっしゃい。買ってらっしゃい。」

「安いよ、安いよ、大安売り。今朝のとりたて、運びたて。」

私達が真っ先にお馴染みになったのはオレンジ屋さん、トマト屋さん、卵屋さんとキャベツ屋さん。買うつもりのない時はお馴染みの方を見ずに道の反対側を通りすぎようとするのだけれど、他の客の相手をしながらも目ざとく見つけて、突然大きな声で、

「カリメラ　サス（今日は）」

と、にっこり笑って手を振ったりするので、素通り出来なくなる。菜っ葉類だけ二、三種類、山と積み、一キロ、二キロとバケツで計って売る店、きゅうりと茄子だけ並べた店、人参とピーマンだけの店など、それぞれ数店あり、見て歩くだけでも面白かった。

たくさんの種類の豆やびん詰の調味料、缶詰などが並ぶ乾物屋さんの店先に、赤い米、黄色い米、白長米など数種の米が置いてあり、一番安いのが日本米に似たねばりのある米だった。おかげで私達は殆ど毎日、日本と同じようなご飯を食べることが出来た。胃腸も精神もなんとか無事に過ごせたのは、このお米のおかげだと思っている。

近所に小売店もたくさんあるのだけれど、月曜に留守した時など、とても具合良く出来た買い物カートを引っ張って、一キロほど離れた土曜ライキに見物がてら買出しに行った。そこはアテネでも有名な大きなライキで、広い道路の両側と、中央に背中合わせに四列の店が並ぶ。それが二百メートルも続き、更に左右の横丁にも伸びて、熱気が溢れている。

売る方も老若男女、それに手伝いの子供達もいてさまざまなら、買手の方もまたさまざ

ま。例えばオレンジ屋さんでは、腰の曲がった黒衣の老婆が伸び上がるようにして、同じ畑からその朝もぎたてのオレンジを一つ一つ手にとって選んでいる。見とれる程入念なお化粧の奥様も、手早く山の中から選び出す。普段着にサンダルを突っ掛けた男女も、スーツにチョッキ、ネクタイを締め帽子まで被ったおしゃれな紳士も手を伸ばして一生懸命選ぶ。一人四キロも選ぶのだから大変。私にはどれも同じ極上品に見えるのに、一人残らず真剣に選んでいるから不思議である。人参や茄子やトマトもこの調子なのはいいとして、桃からペア（洋梨）まで平気で手にとって眺め、選ぶ。

五月半ばから、ライキの店頭にスイカが顔を出し始める。六月に入ると〝我こそ夏のチャンピオン〟と大きな顔のスイカ達が、トラックに満載されて登場。ライキ通りと交差する道にトラックが頭を突込み、後部の荷台がそのまま売場になる。景気のよい売り声に人々は吸い寄せられる。買手は一つ五、六キロを超える見事なスイカの山の中から一つを指差す。売り手はそれを取り出すや否や、切れ味鋭い長い刃のナイフで、まるでハロウィーンのカボチャランタンの口のように、横十三、四センチ、縦四センチ位の長方形にすばやく深く切り込みを入れる。緑の長方形の真中にナイフを突き刺し、さっと引くと真っ赤な三角形が汁をこぼしながら出てくる。買手はそれを食べ、期待通りのおいしさなら買う。味が物足りない時は、また別のを指差して食べてみる。この方法なら、持ち帰った品がまずいということは絶対にないだろう。すばやいナイフさばきで赤い三角形がパッと出てくるさまはまるで手品師の連続業を見物する気分で、なかなか立ち去れない。一台に三人位の売手が同時進行で試食を切り出し、陽気な掛け声にのってスイカはどんどん売れてゆく。それでも、この広くない地区に何台もトラックが来て、どの位捌《さば》けるのだろうか。そしてこの人達は冬の間は何をしているのだろうかなど、いらぬ心配をしながら見とれていたものだ。

かなりお腹の出た黒衣の神父が、両手にスイカをさげてライキの人込みの中を悠々と歩いているのを見たことがある。自分の買物を両手にぶらさげ、周りの人込みをかきわけて神父にキスしようとする人もいるから、なおさら混雑する。アテネの人の挨拶好きは相当なもので、人込みの中でも、買物カートが絡んでも平気。昨夜会ったばかりの人でも、翌朝会えば、

「お早う。お元気ですか。」

「有難う。とても元気よ。そしてあなたはいかが。」

何世代も使われてきたらしい、これらのきまり文句で始まる挨拶が、あちらでもこちらでも、楽し気に、倦きることなく繰り返される。彼等が挨拶を省略するのを見たことがない。そして、中学生や高校生と思える若い男女が、老人達のゆっくりした挨拶ににこやか

に答えている様子は、本当にほほえましい。

アパートの冷蔵庫は大きなスイカを入れるには小さかった。余り高価でないものを「半分どうぞ」と言うほど親しい近所付き合いもないし、遂に丸ごと一個スイカを買うことなしに、七月初旬にギリシアを去った。七月に入ってからの日記に、ライキでスイカ一キロ八十ドラクメスと特筆してある。六キロのスイカが日本円にして約二百五十円弱。喫茶店などで食べる一切れと同じ値段なのである。

夏が来ると、夢ともなくうつつともなく思い描く幻がある。人込みのライキで、いい顔をしたスイカを指差して試食し、満足して買物カートに入れ、引っ張って帰る。子供の頃、田舎の井戸端でしたように、ベランダでたらいに入れて冷やす。やがて陽が沈み、月が昇り、涼風が街々を走り抜けると、スイカ好きの友人達が訪ねてくる。お通しするのはベランダ。クーラー付きのダイニングルームなど少ない下町のアパートでは、夏の間はずっと、ベランダがダイニング兼ゲストルーム。不思議に夜は涼しくなる広いベランダで、思う存分スイカを食べ、夜半まで楽しいお喋りをする。考古学に魅惑されてアテネで勉強している日本の若者達や、アテネ大学のＢ教授の笑顔もある。彼は新婚時代をこのアパートで過ごしたが、今はこのアパートの家主で、郊外の立派な家に住んでいらっしゃる。信じられない程研究好きで、クリスマス休暇にも大学へ行ってしまうと奥様はあきれ果てていらっ

アテネ大学・ブドウリス哲学教授宅のクリスマス。左端とその右はブドウリス教授と夫人。手前は「アテネの歩くバイブル」C夫人。

『源氏物語』が好きなパパパヴルー教授（手前）と日本に留学して『古事記』を研究したA助教授（左）、古代ギリシア思想の研究者である相棒（右）。パパパヴルー教授の御宅で。

しゃる。でも健康にはとても気を遣い、カモミール茶がお好き。そのお隣の椅子にはP教授。彼女は日本に滞在したことがあるせいか、日本人に判りやすいように英語をゆっくりと話して下さるので有難い。日本のものは食べ物、小物、色紙等、何でも大好きだとおっしゃる。御父上は日本の俳句を好まれたそう。彼女は初対面のとき、退職したら『源氏物語』をギリシア語に訳したいとおっしゃった。そんな……時間は絶対に足りないでしょうと、その時は口に出来ず、

「どの巻が一番お好きですか?」

と尋ねてみた。彼女は、

「私はどの巻というより、一つの大きな物語としての源氏が好きなのです」

と答えられた。

「スイカも焼鳥もおいしいですね」

と、巧みな日本語を使うA助教授が笑っている。彼は日本に留学した事もあり、『古事記』の論文も書いているほどの日本通だけれど、いつだったか私達の住所を聞いて、「良くない環境だ」とはっきり顔をしかめたのを忘れられない。でも、今夜はとてもごきげん。彼の言う通り、アテネでは、市の北東方面が高級住宅地らしい。殆どの日本人はその方面に住んでいるそうで、南のわが家の近所では日本人の姿を見かけることはなかった。

時々夢みる幻の集いの主役達、毎夏毎夏トラックに乗ってアテネのライキにやってくるスイカ達に、感謝の気持ちで一杯である。

Ⅷ

出会った花と人

もの静かなパルチザン

アポロン神殿の遺跡のあるデルフィから、ギリシアに現存するビザンチン美術と建築の最重要例といわれる聖オシオス・ルカス修道院へ行くため、高速バスに乗った。先ずデルフィのGNTOの女性が、タクシーは高いからバスで往復した方がよいと勧めてくれたのと、デルフィ・バス停前の雑貨店の主人が、ここからディストモまでバスで行き、そこから歩いてディストモの街へ行ってタクシーに乗れば十キロ弱だと、親切にバスの時刻表と地図を書いて教えてくれたからである。

バスに乗ると、空席が二つあった。手前の空席は、洒落たツイードの上着にハンチングを被った初老の男の横だった。気弱で柔和そうな黒っぽい細い目とぶつかる。ギリシア人にしては珍しく細い目が光を放ったように思えた。私は彼の横を通り過ぎ、奥の空席に座ったが、どういうわけか彼以外、前後左右の乗客を覚えていない。そして、

「ディストモで降ろしてください」

と、車掌にしっかり頼んで乗ってきた相棒が、彼の横に座った。

バスはホテルやレストラン、土産物店が並ぶデルフィの街を抜け、左手山側に六本、半

壊の石柱が残るアポローン神殿遺跡と博物館を見て進む。右手の道路下、オリーブ林の緑の中に、広々としたアテナ聖域の白い大理石の遺構を見下ろして走ると、デルフィと別れて山道に入る。十キロ程で、パルナッソス山スキー場の基地であるアラホバに着く。両側に色鮮かな手編みのセーター、毛織物の壁掛けや敷物などがバスの乗客に見えるように展示してある。皮コートの店、発掘品の複製彫刻や石細工店、皮細工店、ギリシアの神々をプリントしたTシャツなど、旅人の気を引くように並べてある。帰路はこの街を散策してみたいと思った。

アラホバの街を過ぎると、バスはパルナッソス山の広大な裾に沿って進む。左手は高い山、右手は深い谷で、左手の岩肌に日本の這松《はいまつ》のような緑が張り付いていた。山を下ると大地は美しい波のうねりのような起伏をみせ、オリーブや他の針葉樹が育っている。右手オリーブ林の続く彼方は、更にはるか下の海の方まで「オリーブの海」と呼ばれていて、銀白色のオリーブの葉が幾重にも重なって、文字通り油絵具で描かれた海のよう。その先にはコリントス湾の明るい青い海が見えた。

スフィンクスの謎を解いたテーベ王オイディプスの使者も、東方遠征前のアレクサンドロス大王自身も含めて、アポローンの神託を求めていばらの山路、荒波の海路をはるばるやってきた人々は、この峡谷の急斜面を登り登って、かの神殿に詣でたのだろうか。

ふと、先程のハンチングの男が、バスの切符の裏に何か数字を書いて相棒に見せているのに気付いた。バスは起伏の続くオリーブ林を見下しながら高速道路をひた走る。十一月の澄み切った青空の下、秋の陽を受けて輝く林は、うっとりとまどろむように平和で美しかった。ハンチングの男がまた何かを書いて話しているようだった。

「ディストモ」と言う車掌に促され、私達二人だけ下車した。目に微笑をたたえた彼と目礼を交わして。バスが走り去り、教えられた一本道を歩き始めるとすぐ、相棒が興奮した声で言った。

「すごい人に会ったよ。」

アラホバから六キロ程走った時、ハンチングの男が、切符の裏に（1943　400）と書いた数字を見せて、

「一九四三年、ここの谷で四百人のパルチザンがドイツ軍に殺された」

と言ったそうだ。それからオシオス・ルカスに行くのかと聞き、相棒がそうだと答えると頷いて温和な顔を窓外に向けていたが、また数キロ走った時、こんどは（200）と書き、

「この谷で二百人殺された」

と静かに言ったという。

「あなたはそれを見たのですか」

と相棒が尋ねると、彼は圧《お》し殺した声で答えた。

「僕はパルチザンだったんだよ。」

彼は六十代半ばに見えた。そうだとすると当時十五歳前後。父や兄弟や村人達と共に戦い、味方がどんどん撃たれていくのを見ていたに違いない。彼自身も撃たれたのかもしれない。以後半世紀、彼は多くの仲間を失ったこの谷を見続けて生きてきたのだろう。そして今日、原爆被爆国の日本人に会い、それを伝えたいと思ったのだろう。

タクシーでなく、たった二十分バスに乗ったために、そして偶然彼の横の席が空いていたおかげで、私達は予想もしなかった歴史の生き証人に出会えた。今はただうららかな陽を浴びて豊かに実っているオリーブ林が、ほんの半世紀前に、どんなに多くのギリシア人の血を吸ったのかを知ったのだった。一九九五年十一月十三日の事だった。

たった一本の金魚草

アポローン神殿の遺跡があるデルフィから、東南東へ約四十キロのオシオス・ルカス修道院に行くため、ディストモの町へ向かって歩いていた時だった。私は中央ギリシアの晩秋の野に遅咲きの金魚草を見つけた。高速バスをディストモで下車し、タクシーのいるディストモの町まで畑の中の一本道を歩きなさいと教えられたけれど、十一月中旬なのに日差しが強く、私にはその道が恐ろしく長かった。力尽きて、息絶えるかと思われた。

歩き初めて間もなく、テオフィロスの絵にある通りのオリーブの収穫風景に出会った。数人で一本の木を囲み、下に敷いた布の上に実を落としていた。何百年も変わらない秋の農作業なのだろう。不思議なやすらぎを感じた。しかし歩き進むにつれて人の姿は全く消え、人家もなく、草原の中に乾いた広い道が一本続くだけになってしまった。ふと道端に脱脂綿がちぎれて落ちているような気がした。よく見ると、綿の実がはじけて白い綿が飛び出した感じで、道端の高さ三十センチ程の立枯れ草のあちこちに、直径一、二センチの綿のボールがはじけていた。日本でこんな草は見たことがない。面白がって少しばかりポケットに収めた。

当時腰痛に悩んでいた相棒には、自分のペースで先に行ってもらった。もう後姿も見えない。でもタクシーを一刻も早く捕《つか》まえ、もどって来てくれる希《のぞ》みはない。いつもの通りの道草好きが、喜んでぶらぶらしていると思っていることだろう。急にひどい疲れを覚えた。非常手段で、ヒッチハイクをしようかと思ったが、車は一台もやってこない。真昼の太陽の下、日本語で呪文をとなえてもカボチャの馬車が来るわけはない。この辺りで草の上に倒れ込んでしまおうかと思った時、黄色や白の野の花の中に一本、光を放っているような赤紫の小花が見えた。草原に入り込み顔を近付けた。確かに、たった一本の金魚草。ヒラヒラのフリルのついた花冠をもつこの花は、このあたりが故郷だったのか。天がくれた贈り物に思え、いただくことにした。この一輪の可憐な花に元気をもらって、また歩き出すことが出来た。

大体ギリシア人は健脚が多い。老若男女ピンと背筋を伸ばし、スイスイ歩く。三キロ四キロ、平気らしい。デルフィのバス停で、「ディストモで下車し街まで歩く」と簡単そうに地図を書いて説明してくれた男を信用したのが間違いだったのよと、花と風とに不平を言いながら歩いて行く。ギリシア人に道を聞いてはいけないと忠告されていたのに。でもあの店には「菊の香」という日本のお習字が貼ってあったのだ。そして、そこで、デルフィと富山県利賀村とが姉妹都市だということ、なかなか深い交流が何年も続いていることを教えてくれたのは他ならぬその店の主人だったのだ。

農家がポツポツ見え出した。そして通り過ぎた最初の家の前庭に、種々の草花にまじって金魚草の一群があった。私が野生のものと喜んだ花は、昨年この庭の種を風が運んで行ったものだろう。勝手な旅人は少しつまらなくなった。

もしデルフィからタクシーに乗っていたら、オシオス・ルカスの美しい修道院に楽々と着くことが出来ただろう。しかし高速バスでの《もの静かなパルチザン》とのあの貴重な出会いはなかったし、とても大切に思えた一本の金魚草にも会えなかったろう。

その赤紫の花はデルフィで求めた水のボトルに活けられて、はるか下方にコリントス湾を見渡すデルフィの宿のベランダの白いテーブルの上で、しっかりと写真に収まっている。オシオス・ルカス修道院の庭で黒衣の女性にいただいたイチゴの木の、すずらんに似た白い花と一緒に。

記憶の花園で

本当に野生の金魚草の群落を見たのは、ケルキラ島（別称コルフ島）――イタリアの長靴の踵《かかと》に近い、アドリア海とイオニア海が出合うあたりに位置する島――でのことだった。書物によると金魚草は南ヨーロッパ原産とあるから、間違いないと思う。

昔々、トロイ戦争の時代のこと、難破して浜に打ち上げられ昏睡していたオデュッセウスが、ナウシカの明るい声で目覚めた島で、前八世紀にはすでにコリントス人がこの緑豊かな島に植民地を打ち立てていたという。

海に突き出た古城塞は、十六世紀にヴェネツィア人が掘った運河によって街と隔てられている。運河にかかる立派な石橋を渡り、陸軍士官学校の横を通り抜け、城塞に続く石壁のトンネルをくぐろうとして空を見上げた。

五月《さつき》晴れの朝だった。真っ青に輝く空を背景に、その石壁の上の方から溢れるように垂れ下がったり、割れ目にしがみついたりして、色々な色の金魚草が咲き乱れていた。これが順当な開花期で、これから延々秋遅くまで咲き続けるらしい。オシオス・ルカスに行く途上で金魚草を見たのは十一月中旬だったたから。

六月でギリシア滞在を切り上げるため、あの頃はもう驚く程重くなったアルバムに溜息をつき、荷物を少なくしようと必死だった。そしてあの眩しい太陽を浴び、裾のフリルをひらめかせていた元気一杯の金魚草の群落の写真を撮らなかった。一期一会《いちごいちえ》だったのに。その後はギリシアを離れるまで、野生の金魚草を目にすることはなかった。

石壁のトンネルをくぐって土の道を更に進むと、いよいよ古城塞への登り口という所に鉄柵の門がある。純白のビロードのような海芋《カラー》の花束をかかえた「赤い小型車に乗った騎士」に出会ったのはその鉄柵の前だった。

トルコ石の青をたたえたイオニア海の澄み切った大気に育てられ、輝く太陽を浴びて喜びの声をあげていた金魚草群と海芋は、今でも思い出の花園で咲き続けている。

赤い小型車に乗った騎士

日本列島が太平洋と日本海に面しているように、ギリシア本土は東はエーゲ海、西はイオニア海に面している。日本では《濃いブドウ酒色》のエーゲ海が有名だけれど、《トルコ石の青さ》のイオニア海はあまり語られていない。そのイオニア海の最北部に、ギリシア本土のイピロスとアルバニアに向かい合って、ケルキラ島（別称コルフ島）がある。

長年にわたり諸外国（ヴェネツィア、フランス、イギリス等）の支配を受けたこの島の文化と、特産品の伊勢エビ、それに『ミシュラン・ガイド』が三つ星をつけた景勝地＝西海岸アンゲロ・カストロ（大天使ミカエルを讃えて聖アンゲロと名づけられた城塞）の遺跡からの眺望が、相棒の心をこの島に惹き付けていた。

トロイ戦争を勝利に導いた智将オデュッセウスが、十年もの放浪を余儀なくされた後、ヘルメス神のおとりなしでやっと故郷イタケを目指したのに、またもや暴風雨に襲われて船が大破し、意識不明でただ一人打ち上げられたのがこの島の砂浜。ここで侍女達と遊んでいた王女ナウシカに発見され、救われたと伝えられている。そして、オデュッセウスの乗っていた難破船は、ポセイドンによってひしゃげた姿のまま岩の小島に変えられ、ポンディコニシ島（ねずみ島）と呼ばれてきた。この島は今も、ケルキラ市の南四キロに位置するカノニから、碧い海に浮かぶさまを眼下に見下ろすことができる。

シェイクスピア最晩年の作『嵐』では、追放されたミラノ公爵プロスペロが娘ミランダと共に漂着したのもこの島とのこと。改めて地図を見ると、イタリア東海岸を洗うアドリア海に放逐された小舟は、南下して北緯四十度を過ぎ、イタリアの長靴の踵あたりでケルキラ島に漂着する。会心の笑みを浮かべながら当時の地図をじっと見ているシェイクスピアの顔が見えるようだ。長い間すっかり忘れていたナウシカとミランダ——二人の美しい幻影が急にケルキラ島の地図から立

ケルキラ島（コルフ島）

ち上《のぼ》った。

早朝の便でアテネから空路四十五分、朝食前にケルキラ空港着。市内から数キロ離れた海辺のホテルに入る前に古城塞《パレオ・フルリオ》と博物館を見学しようと街の中心地へ歩いて行った。

五月十五日。快晴。城塞入口の鉄柵の所で、登る石段と海辺へ下りるらしい樹影で暗い細道が分かれている。その小暗《おぐら》い道の奥から、大きな白い海芋の花を数本抱えた男が現れた。

「まあ、海芋《かいう》！」

と、私は日本語で誰にともなく言ってしまった。東京や鎌倉の寺などの池の畔《ほとり》に育つ小さな白い海芋《カラー》でなく、いかにも瑞々しい堂々とした白さ。名の如く海辺に自生しているのだと咄嗟《とっさ》に悟った喜びが声になってしまったのだ。すると彼は静かに歩み寄って、摘んだばかりの花を二本、恭々《うやうや》しく差し出し、静かな光を湛《たた》えた大きな目を私に向けてから、中世の騎士の如く右手を胸に当て、深い礼をした。こんな礼も花も受けた経験のない私は茫然として、

「エファリスト　ポリ（有難うございます）」

と返すのが精一杯。彼は静かに頷き、道端に停めてあった小さな赤い車に乗って走り去った。

意外に重い二本の花を傷つけぬよう捧げ持ち、むき出しの暑い階段を登って行く。清澄な大気の中で育った白は艶やかで、甘い香にどこからか蜂が飛んで来た。寸前まで吸い上げられたイオニア海の水がまだ、太い茎の中を歌いざわめきながら上っている感じ。

その時、二人のギリシア青年が楽しそうに話し合いながら階段を下りてきた。彼等は立ち止まり、私の白い花に非難の目差しを向けた。

「階段の登り口の所で、ギリシアの方から戴いたのです。」

後で思い出しても我ながら驚く程素早く、私は弁明した。すると彼等の表情は和《なご》み、身振り手真似で花を小脇に隠して持って行くよう指示し、下《くだ》って行った。禁断の花なのかもしれない。急に花も心も重くなってしまった。

十六世紀にヴェネツィア人が中世からの要塞を手直しした時の強固な稜堡が、古城塞から海に突き出ていた。強風に吹き飛ばされそうな稜堡の上に立つと、眼下にその昔ガレー船が寄港したマンドラキ港が、北西方にケルキラ旧市街が一望出来る。南に回って見下ろすと、海辺に古代ギリシア神殿風の建物が一際《ひときわ》目を引いた。一八三〇年にイギリス人によって建てられた聖イヨルイヨス教会だそうだ。

今朝、この島の旅を始めたばかりで、予定の三泊中にこの花は傷《いた》んでしまうだろう。あのギリシア神殿風の教会に献花しようかな、内部はどんな造りだろうかなどと思いめぐら

しながら、入口まで下って行く。閉まっている扉をギリシア人観光客が何度も叩いていた。暫くして一人の女性が扉を開き、

「準備中です。見学なら一時間後に来て下さい」

との事。仕方ない。建物を一回り外から拝観して帰ろうと海沿いに裏手に回った。すると木陰に、何とあの見覚えのある赤い小型車がひっそり停まっている。かの礼儀正しい騎士はこの教会の神に仕える人、純白の海芋は神に捧げるために摘まれたものと判り、なぜかほっとした。そういえば、司祭の黒服を着ていたのかもしれない。

折角戴いた花を彼の教会に献ずるのも奇妙に思え、持ち合わせたビニールなどできちんと包み、博物館でも、傷つかぬよう目立たぬように片隅に置き、大切にホテルまで持ち帰った。

バス道路からホテルの玄関までの坂道は両側とも生け垣で、日本ののうぜんかずらそっくりの黄色い花で掩《おお》われていた。

広々とした大理石のフロントには、大きなガラスの花瓶に黄色い百合が沢山活《い》けてあった。フロント嬢に私の海芋のわけを話し、仲間入りさせて下さいと頼んだ。優しい声で、

「喜んで」

と微笑んだ彼女は、大きな澄んだ碧い目の、ナウシカのような美女だった。

イアの男

いかにもギリシアらしい写真、例えば紺碧の空と海を背景に、大きなクロスのついたライトブルーの丸屋根をもつ真っ白い教会や、白い立方体の建物が丘の斜面を掩っている写真は、ティーラ島（サントリーニ島）が舞台になっていることが多い。三日月形をしたこの島の西海岸は、絶壁が海を抱くように弧を描いているので、どの地点からでも夕日が存分に楽しめる筈だ。でも、島の北西の突端、つまり三日月の天辺《てっぺん》にあるイアの地が夕日の街として世界的に有名で、画家や写真家や観光客が集まってくる。

アテネで、美人で働き者のカテリーナ・コロンボと仲良しになった。目抜き通りにある両親の旅行社を引き継いで切り盛りしている二十三歳で二児の母。彼女はティーラ島に住んでいたこともあり、カルデラの眺望は、イアではなく、主都フィラから北へ二キロメートルの地にあるイメロヴィグリの集落がベストと断言する。そこで私達は、彼女おすすめの小さなヴィラに泊まり、部屋のテラスからのんびりと二人だけの夕日を堪能することとなった。実際、朝も昼も、時間の許す限りテラスの椅子に座って空と海とに見とれ、カテリーナに心から感謝したのだった。

一日、そこからイアまで歩いてみることにした。〝フィラからイアまで続く海沿いの道は徒歩で三時間〟と案内書に書いてある。イメロヴィグリからなら、二時間半で着くだろう。カルデラに海水がたまって出来た崖下の海は、岸辺で水深四百メートルという。恐ろしい程碧く澄み、身体がぐらりとゆれたら四百メートルの水底かと、身を低く這うようにして進む場所もある。

時は晩春。暖かい光が差し込むまばらな林を抜けると、ぱっと赤いけしの野に出たり、さわやかなクリーム色の小菊が一面に咲き誇る野原が開けたり、この世のものとは思えない程の美しさ。西側は襞深い絶壁と海が見え隠れする。花野と

「天国に一番近い島」サントリーニ島

林の中を小道は細々と八キロメートル、イアまで続く。鳥の声も聞こえない静寂の天地。自分は今、はるか昔に海に沈んだあの伝説の《失われた大陸》の尾根道を歩いている、そうに違いないと思えてくる。この島を《天国に一番近い島》と呼んだ人がいたが、本当にそうだと思った。

まだシーズン前なので、この道を行くのはニュージーランドからの若いカップルと、私達と、野良犬一匹。その黒い犬はいつの間にかどこからか姿を現わし、まるで数年来の知己のような顔をして、私達に呼吸を合わせるかのように従《つ》いてきた。

イアの町――現在の人口は三百六十だけれど、一九五六年に地震に襲われる前は島で一番の町だったそうである。現在の主都フィラの人口は千六百で、空港に近い。フィラには四月でもクルーズ船がやってくる。今も大規模な発掘が続けられている紀元前二〇〇〇年代のミノア期の都市で、その壁画が現在アテネの考古学博物館で人々を魅了しているアクロティリへの便もよい。道路沿いにはレストラン、喫茶店、土産物店が並び、人々が溢れている。路上にも土産物屋が続き、物売りの声が騒々しく飛び交っている。このフィラに比べれば、イアはずっと落ち着いた街であった。

海運業史料館を見学してから、昼食をとる店を探す。ギリシア各地で実物のランチが店頭に出してある店をよく見かけた。魚自慢の港町なら、スープやパン、サラダの横に大きな活魚《いきうお》が一匹、どんと大皿に載せられていたりする。オリーブオイルで焼いてもらうことも、炭火焼きにしてもらうことも出来る。しかしイアの町では、手書きメニュー（極めて読みにくい）が出ている店が多かった。ふと風情のある木枠入りのメニューを見付けて足を止めると、何と奥の方から確かに日本の琴の音が流れてくるではないか。ここはティーラ島の北の果ての街の食堂が並ぶ裏小路。信じ難い思いで入って行く。客は誰もいなかった。海を見晴らすテラス席を選んだ。断崖の下の海から強風が吹き上げ、日除けのカンバスがバタバタ大きな音をたてている。テラスに並ぶ観葉植物の大きな植木鉢は皆、コンクリートで固定してあるらしい。そうでなければ忽ち吹き飛ばされて

店主「イアの男」と相棒

しまうのだろう。

店主が食後のコーヒーを運んできて、話し出した。旅好きの彼は、島の多くの若者達と同様、船乗りとして働きながら世界中を回ったという。

「どの町が一番好きでしたか?」

「日本の町です。どこもここも清潔で、人々はとても親切だった」

との答えが返ってきた。ああ、それは何十年か前の話だろう。投げ捨てられた煙草の吸いがらやジュースの空缶が目立つ東京の歩道が私の目に浮かび、再訪しないでほしいとひそかに思った。

「……そして、ヨーロッパではウィーン。」

私達がウィーンへ行ったことがないと言うと、

「落ち着いた大人の街ですね。……ウィーンの女性と結婚しました」

と続けた。どれどれ、とあたりを見回したが、それらしい人影はなかった。シーズンが始まるまでウィーンにいるのかもしれない。

相変わらず風がバタバタとカンバスをあおっていた。

「一年中風は強いけれど、僕は生まれたこの街の景色が一番好きだから、半年ここで働きます。客の来ない冬の間はウィーンで暮らします。」

「どこでこの琴のテープを手に入れたの?」

「息子がこの春、東京で。僕への土産に見つけてきました。」

琴の名曲が上手に集められているテープだった。

「息子が高校を卒業して、日本旅行をしたいと言うので、行かせたのです。」

「息子さん、日本はどうでした?」

「日本の各方面での技術の質の高さに感心し、大満足で帰ってきました。また行きたいと言っていますよ。」

「でも日本旅行は出費がかさんだでしょう」

と私は思わず言った。ギリシア各地で何度も、日本の物価は高い、いやすべてが高い(expensive)と言われてきたし、実際ギリシアの物価の安さを考えると、私達でも本当に高いと思う。アテネの薬局で働いている旅行好きのヴィキ(二十三歳)は、旅行社の人に日本行きの資金を貯めると言ったら、とても無理だから諦めなさいと言われたと、口惜しそうだった。

しかし彼は真直ぐに私達の方を見て、はっきり「ノー」と言った。お腹がずいぶん出てしまっている姿からは想像しにくい程に毅然とした調子で、即座に、「ノー」と言った。

「私は日本の人も、景色も、音楽も好きだ。だから日本の旅は楽しかった。息子もとても喜んでいる。僕と息子にとって日本旅行は決して高くはない。」

彼にとって、行く価値のある所への経費は必要なもので、高い安いは問題外なのだ。海の男の潔《いさぎよ》い生き方が、この「ノー」からしっかり伝わってきた。風が強く夕日がすばらしく美しい小さな港町で夏一杯働く。そして冬は奥さんの郷里、音楽の都ウィーンで過ごすのが、その彼の選んだ人生なのだ。再び回してくれたテープの優しい琴の調べが、イアの海風の音と響き合い、私達三人を包み込んだ。

ピペリの鉢

日曜日の朝、テレビの園芸の時間に「観賞用とうがらし」が映った。今年一九九七年の流行だと言っている。赤や黄、橙、紫の小さな実は、まるで三角帽子をかぶった白雪姫のこびと達が緑の葉の間で遊んでいるようで、とても可愛い。急に、九五年秋から九六年夏まで住んだアテネのアパートの部屋を思い出した。

晩秋の午後、広い白壁に、実が三つ付いた鉢植えのピペリ（とうがらし）の影が柔らかく映っていた。日本のわが家は長年の間に壁面全部に本、雑誌、アルバム等が積み重ねられ、絵をかける場所もないが、アテネのアパートの居間は、広いベランダのある南面が両開きの大きな素通しのガラス扉で、冬は陽が差し込む。西側は全部白壁。その白壁の後ろは隣家の台所らしく、時々何かを刻んでいる音がした。トントン、トントントントン、軽やかな、懐かしい、日本と同じリズムだった。この国に包丁はないのに。

ピペリの鉢を私にくれたのは、近所のパン屋さんの奥さん、リッツァだった。テレビで紹介された日本に憧れていて、私達に思い切り親切にしてくれた。ある日、夜九時に招かれた。まだ慣れず、ギリシア語も出来ず、夕食かお茶か判らない。誰に聞いても判らない。

散々迷い、軽く食べて行った。ホールと呼ばれる玄関に続く部屋で約一時間、飲んだり話したりして、十時に食堂に通された。そしてギリシア家庭料理を御馳走になった。お返しに私達は、日本式に七時に和食の夕食に招いた。材料は乏しかったが、箸を使い茶椀で御飯を食べてみたいとの要望に応えて。英語の全く駄目なリッツァは二十三歳の長女バーソを通訳に、バーソの親友で同じく二十三歳の、日本にも深い興味を抱いているヴィキも伴い、時間通りに現われた。お土産は私が彼女の店でよく買うリッツァ製クッキーと、やはり彼女が作る熱々《あつあつ》のチロピッタ（小さなチーズパイ）。彼女のお土産はいつも量が多く、重い。玄関のテーブルにどさっと置く様子は、宅配便のない時代の日本の故郷の小母さんにいただくお土産のようで、心温まるものだった。ただ、多すぎて、ギリシアの子供達に手伝ってもらったりした。パン職人の御主人コスタスは夜十時まで店を開け、翌朝は四時前に起きてパンを焼く働き者で、女達に付き合う時間はなかった。

その日のライキ（朝市）には、日本と同じ菊が溢れるように並んでいた。私は東京で育てていたのと全く同じピンクの一重の小菊を見付けて大喜び。一束求めて玄関と客間に半分ずつ活けておいた。そしてリッツァに、日本でも秋には多種類の菊が、野にも庭にも畑の隅にも咲くことを話し、菊人形の写真を見せてその説明をした。花の話はそれだけだったのに、そして他の話題で夢中になっていたバーソは私が頼んでも大ざっぱな通訳しかしなかったのに、リッツァは私の植物好きを見抜いてしまった。彼女の直観力の鋭さには何度も驚かされたが、これが最初だった。そして楽しそうに言った。

「週末に別荘へ行ったら、ピペリの鉢を持ってきてあげる。ピペリの実は赤くなり、見ても美しいし食べる事も出来る。」

車で約一時間で行けるコリントスの海辺の彼女の別荘には果樹園があり、夫のコスタスはその手入れが趣味だという。日本人に比べてとても貧しいといわれているアテネの住人達だが、パン屋さんも肉屋さんも勤め人も週末はどこかの別荘に出かけ、街はしんと静まり返る。土曜の夕方など散歩していると、あたりが薄暗くなってから、老夫婦がいかにも使い込んだ車に乗って仲良く出かける姿をよくみかけた。リッツァの店でも、土曜の朝と昼のパンを売ってから出かけていた。それでも充分、豊かな時間を過ごせるようだ。

その夜、部屋の隅のテーブルには、一番大きな果物鉢にオレンジとレモンを山盛りに飾っておいた。レスボスのホテルでもらった驚くほど大きなザクロや、リッツァの店先の街路樹の根方で見付けたくるみ等も一緒に飾った。果実の輝きと香りで日本人の私はとても豊かな気分になる。

それを見たリッツアは、

「次のライキではオレンジとレモンを買わないで。コリントスから持ってきてあげる」

と言った。バーソの説明によると、果物は家族で食べきれないから、ご近所に分けているとの事。

「届けていただいては申し訳ないから、月曜朝いただきに行きます」

と話は落着。約束の朝、買物カートを引っ張って行ってよかった。リッツァ同様ギリシア語しか話さないコスタスが、私達の顔を見ると、万事分かっているとばかり手を上げて、オレンジとレモン入りの段ボール箱と、植木鉢を三つ渡してくれた。ピペリとアロエとサボテンの鉢は重かった。

ライキに行くといつも植木屋の前に立ち止まり、ハイビスカス、ブーゲンビリア、日本と同じ椿やくちなし、あじさいなど、花のついた鉢を眺めた。でも滞在は十ヶ月。十ヶ月で捨てるのは忍びないから、植木は一切買わないと決心していた私は、本当に嬉しかった。

彼女の予言通りピペリの三つの実は冬中ずっと赤く輝き続け、壁に落ちる影まで私に喜びを与えてくれた。日本にいる時と同じに、日の短い冬の間、私は陽を追って何度も鉢を動かしたりしながら、私の植物好きをさっと見抜いたリッツァに感心していた。

スーパーに並ぶ食パンでなく、竈《かま》のあるパン屋の食パンを探して、或る日偶然彼女の店に入って行かなかったら、ギリシア人と仲良しになって家庭に招かれたり、彼女の友人達と語り合ったり、ギリシア娘の結婚式に出たりする機会はなかったろう。本当に不思議な出会いだった。

「母が又、初めて会った気がしないと言っていますよ」

と、折にふれてバーソは笑って通訳してくれた。私達もまるで何十年も付き合い続けた家族のような親しみを感じていた。お互いに言葉もよく判らないのに。

目や髪や肌の色が違い、宗教も違い、半世紀以上も全く異なった環境で暮らした後でも、人は出会い、心からの友人になれるのだと知ったリッツァ一家との交際だった。

月夜の語らい

二〇〇〇年三月、三年八ヶ月ぶりにアテネに寄る機会があった。前回は十ヶ月の滞在で友人にも恵まれた。出国前夜、パン屋の奥さんリッツァと長女のバーソ、その友人ヴィキと私達の五人で、夜が更けるまで別離を惜しんだ。月が明るい七月の夜、涼しい夜風が吹きぬける葡萄棚の下のカフェテラスで。

あの時二十三歳だったバーソとヴィキ。バーソは翌年結婚すると言っていたし、ヴィキは二年程前、旅先のウィーンから絵葉書をくれたきり、音信が途絶えていた。どんな大きな変化があっても不思議はない年齢だ。それでもシンダグマで用事をすませてから、以前ヴィキが勤めていた目抜き通りの薬局を訪ねてみた。

狭い店内で白衣の男女が数多くの客の対応をしている。入口近くのレジの女性にヴィキの消息を尋ねた。奥の方で働いていた長身のヴィキは、大きな青い目をまん丸にして飛んできて抱擁、忽ち勤務明けの四時半すぎのデートが成立。二十七歳になっても外見は全く変わらないヴィキと会えた幸運に感謝した。

ホテルに帰るとフロントでメモを渡された。親友バーソを素早く電話で捕《つか》まえたヴィキからで、バーソも五時に勤務がすみ次第、私達のホテルに直行するとの嬉しい伝言だった。半ば期待出来なかった再会。ロビーで長いことお喋りしてから、四年前別れを惜しんだカフェまでコツコツと靴音のひびく石の道を歩いて行く。アテネの裏通りにはあちこちに古代の建物の礎石などが残された小公園のような緑地がある。その一つの奥の半地下、馴染みのカフェのテラスに陣取る。春浅く、棚の葡萄はまだ蔓だけ。

旅の話になった。ヴィキは外国によく出掛ける。大柄の彼女がギリシア風に大きなジェスチャー入りでする話は相変わらずおかしくて、あたりかまわず声をあげて笑ってしまう。昨年は米国に十日程いたとのことで、英語が上達している。いつの間にか月が出ていた。

ヴィキより活発だったバーソは、ずっと旅をしていないと言う。新居が見付からず結婚が遅れたが、この六月には出来ると嬉しそう。でも彼が刑務所にいたので自分一人で遠出したくなかった、と彼女は言った。

「え！　一体どうして？」

びっくりして私達は問い返した。

「彼は私と同じクリスチャンなのです。人殺しは出来ません。兵役拒否で三年間刑務所にいました。やっと出て来ましたが、あと一年間は国外に出られないのです。」

彼女はきっぱりと誇らしげに答えた。以前彼女の会社の労働条件は良くなかった。夜の十二時を過ぎても残業手当はない。失業者の多いアテネでは仕方のないことですと、二十三歳のバーソは明るく笑っていた。その状態がずっと続いているのか、少し疲れてみえたが、お茶目な輝きに代わって、優しい落ち着きが感じられた。

戦争中の日本では兵役拒否は死を意味したと聞いている。昭和二十年の敗戦から数年たって、私は初めて米国の《良心的兵役拒否者《コンシエンシャス・オブジェクターズ》》の事を知った。民主主義の米国では、自分の主義に従い兵役を拒否する自由がある。しかし兵役拒否者は兵役より更に辛い仕事をしなければならない。命がけで新薬の実験台になるとか、動物移送のため船倉で動物を世話しながら長い航海をするとか。何も知らされず、ただ憎むように教えられてきた米国の偉大さを初めて知り、驚き、感動したのだった。半世紀前の感動がバーソの話で突然、はっきり甦《よみがえ》った。

一見とても陽気にみえるギリシアの人達は、戦争の火種の絶えないバルカン半島に生きている。日本の戦争放棄、徴兵制度なしは、彼女達には全く信じられない様子だった。

戦争を知らず、生まれながら兵役のない国に生きている幸せな日本の若者達に、すばらしい日本の平和憲法を、知恵を絞って守っていってほしいと心から願った夜だった。

あとがき

一九九五年秋からギリシアに滞在して、あっと驚く新発見や、全く予想外の楽しい経験をしました。その都度友人達に手紙を書き、一緒に面白がったのですが、弟達には国内にいる時と同様に御無沙汰でした。

帰国後「どこにいたのか、さっぱり判らなかった」と下の弟に不平そうに言われました。彼は、海外出張の折には、葉書はくれないけれど、律義にお土産を届けてくれたのでした。私は慌ててレスボス、ヒオスの旅や、出会った人の事など四十枚程書き、写真をコピーして自分で綴じ、お盆に会った時に近親に配りました。

秋の恒例の兄弟旅行の折、「面白く読んだけど、あれで終りなの？」と、又聞かれました。

「もっと、面白かったことを書き足してお目にかけますよ」

と答え、ぐずぐずしている内に、一九九九年夏、彼は急逝してしまいました。その上、二人のやりとりをいつも静かに聞いていた上の弟まで、同年秋口、誘い合わせたように他界してしまいました。彼等に読んでもらえないのがとても残念です。

学生時代からの友人猪又榮子さんが、弟達に先立たれ悄気《しょげ》込んでいる私を励まして、『ギリシアつれづれ旅』の原稿をワープロで打って下さいました。一冊の本に出来たのは全く彼女のおかげで、心から感謝しています。私の個人的な旅が、二〇〇四年にオリンピックが開かれるギリシアを理解するのに少しでもお役に立てば幸いです。

二〇〇二年九月

著者

著者プロフィール

岡野 裕子（おかの ひろこ）

旅行と植物大好き人間。
津田塾専門学校、早稲田大学（仏文）卒業後、
私立中学・高校で英語、フランス語講師。

ギリシアつれづれ旅

2003年1月15日　初版第1刷発行

著　者　岡野 裕子
発行者　瓜谷 綱延
発行所　株式会社文芸社
〒160-0022　東京都新宿区新宿1-10-1
電話　03-5369-3060（編集）
03-5369-2299（販売）
振替　00190-8-728265
印刷所　株式会社フクイン

ISBN4-8355-4889-2 C0095